湛庐 CHEERS

与最聪明的人共同进化

HERE COMES EVERYBODY

CHEERS
湛庐

北欧可持续投资之道

Sustainable Investing

[芬] 蒂娜·兰道 Tiina Landau
汉娜·斯利瓦 Hanna Silvola
著

张昶 译

浙江教育出版社·杭州

你对可持续投资了解多少?

扫码加入书架
领取阅读激励

扫码获取全部测试题及答案，
一起了解北欧的
可持续投资之道

- 可持续投资要求投资者（　）（单选题）

  A. 让渡收益

  B. 把规避风险作为首要任务

  C. 认识到气候变化等问题的重要性

  D. 为受益人无条件争取最大的利益

- 可持续投资成为当下投资主流，以下哪项不属于其背后的原因？（单选题）

  A. 可提供更高的长期回报

  B. 有助于发现优质投资机会

  C. 易于开展有效的风险管理

  D. 全球市场需求趋于稳定

- 以下哪个行业是可持续投资者钟爱的？（单选题）

  A. 烟草

  B. 煤炭开采

  C. 核武器工业

  D. 公共交通

扫描左侧二维码查看本书更多测试题

SUSTAINABLE
INVESTING

推荐序一

共筑可持续未来

鲁政委
兴业银行首席经济学家

全球可持续发展理念早已深入人心,在我国更是形成了可持续发展热潮。但具体到可持续投资领域,却仍然争议不断。比如,在美国,ESG 投资一夕之间从英雄沦为"恶龙";在欧盟,ESG 却被以法案形式全方位向前推进;在国际上,国际可持续准则理事会(ISSB)正式开启推进具备全球互通互操作性的 ESG 标准工作;在我国,政策监管部门正在陆续发布 ESG 披露准则……

"乱花渐欲迷人眼",我们必须从理念到实践、从方法到工具对可持续投资进行更加全面、客观地审视,这样才能有更清醒的认识。而本书就是能够在这方面提供帮助的一本著作。

第一，全面的视角。本书不仅内容全面，而且观点、立场平衡公允。在内容方面，本书围绕可持续投资的方方面面进行了系统性的梳理，既概述了近年来可持续投资成为主流的原因，也对未来可持续投资的发展趋势进行了展望；既详细介绍了当前可持续投资的主流方法、工具和应用，也对可持续投资如何获得高回报这一关键问题进行了探讨。它不止于介绍现状，还对每个问题背后的逻辑做了进一步分析，这有利于读者对复杂的可持续性分析有更深刻的理解。在立场方面，本书不仅介绍了这些方法和工具如何发挥作用，还不避讳其局限性，与诸多习惯于从正面宣导可持续或 ESG 投资的书籍相比，这一点无疑是难能可贵的。事实上，可持续投资的方法仍在不断发展之中，到目前为止仍然没有形成一套市场公认的权威方法。这一点其实在各大 ESG 评价机构对相同企业的评价结果中存在巨大的差异、高 ESG 评分未必总是能够跑赢大势这些现象中突出地反映出来了。本书在论及可持续投资为第三方评级机构提供工具应用时，没有忘记提醒投资者要用批判性的眼光去看待这些结果。

第二，生动的案例。本书的一大特色便是提供了大量北欧企业和投资者在可持续发展领域的实践案例。放眼全球，北欧从国家到企业，再到机构投资者，都可算是全球可持续发展的先锋。在国家层面，用于评估各国实现联合国可持续发展目标（SDGs）进展情况的 SDG 指数显示，2015—2023 年丹麦、芬兰和瑞典一直稳居前三名；在企业层面，自 2005 年世界经济论坛首次发布"全球最佳可持续发展公司百强"年度排名以来，北欧公司经常名列前茅；在机构投资者层面，法国巴黎银行 2023 年对全球 420 家机构投资者进行的 ESG 全球调查结果显示，有 63% 的北欧投资者已制定净零排放目标，这一数字显著高于全球平均数据 39%，且有 43% 的北欧投资者开始寻求在持有的投资组合中排除碳密集型资产。本书通过丰富的案例分享了北欧企业和机构投资者在可持续发展领域的实践经验，其中包含了作者与企业或机构投资者相关人员的访谈，这些访谈让案例的展示更加生动丰满。

第三，深刻的洞见。本书除了具有教科书般的系统性，更具有专业著作的启迪性。以本书第二部分"北欧投资者如何推动被投企业的可持续发展"为例，这部分通过大量案例展示了投资者如何通过主动所有权投资法对被投企业施加影响。北欧有不少投资者不只是像通常的可持续投资那样，简单地按照可持续性分析框架将不符合标准的企业排除在外了事，而是努力通过各种不同的形式将可持续发展理念传递给企业，使企业最终走上可持续发展之路。即使被投企业发生了可持续性危机，投资者也不是立刻将其排除，而是通过对企业施加影响，使问题能在第一时间得到解决，书中介绍的芬兰斯道拉恩索公司案例就是如此。在斯道拉恩索公司发生可持续性危机后，芬兰的机构投资者不断与企业进行沟通，最终该公司在接受了严厉批评后，将可持续性纳入了企业战略，并通过努力最终在可持续发展上成了其他企业的标杆。只有这样的互动，才能够让可持续投资中的投资者与企业之间不是割裂甚至对立的关系，而是形成"共筑可持续未来"的良性循环。

2024 年 9 月 12 日

SUSTAINABLE
INVESTING
推荐序二

前所未有的可持续性挑战

马丁·思坎克（Martin Skancke）
联合国负责任投资原则（PRI）组织原主席

本书的主题是可持续投资①，可持续投资意味着投资者要认识到气候变化等可持续问题的重要性，从而开展对社会负责任的投资。我作为联合国负责任投资原则组织原主席，在此自然首先要介绍一下"责任"的含义。

负责任投资的一个重要方面体现在"管理"这一概念中。机构投资者通常代表某些最终受益人（如养老金计划的成员）行事，且应为他们争取最大利益。信托义务（或同等义务）的存在是为了确保管理他人资金的人能够代表受益人的利益行事，而非为自己谋求私利。其中，最重要的义务是忠诚（忠实地为受

---

① 可持续投资的范畴基本等同于"负责任投资"。——编者注

益人的利益服务）和审慎（谨慎、专业且勤勉地进行投资）。**这需要机构投资者关注投资的可持续性，并将其视为规避风险和把握投资机会的驱动力。**

作为社会成员，机构投资者也应理解并遵循更广泛意义上的责任，有义务使自己的行为符合更广泛的社会价值观。正如瑞典著名读物《长袜子皮皮》(*Pippi Long Stocking*) 中所说，"如果你非常强大，那么你必须心存善意"。大型机构投资者都"非常强大"，因为它们有能力通过投资活动和它们推崇的价值观来影响社会发展。当然，机构投资者通常代表某些最终受益人行事，它们的行为需要建立在合法性基础之上，不仅要恰当地反映受益人的价值观念，还要符合正当的社会期许。

随着我们在处理气候危机和其他一系列环境、社会和公司治理（ESG）等问题时的共同缺陷愈发凸显，作为可以应对这些缺陷的方法，负责任投资正在迅速发展。

最新的发展趋势包括从相对单一的"避害"导向转向更广阔的影响评估；将关注点从未投资过的对象转向已投资的对象，等等。机构投资者开始思考，如何让自己主导的投资与更广阔的社会目标保持一致。许多机构投资者发现，可持续发展目标（sustainable development goals，SDGs）在当前时代背景下是一个有用的框架。可持续发展目标可以被视为一份待解决问题的清单，从而有助于投资者识别投资机会。同时，它也可以成为研究风险的有用框架。如果你也认为社会会认真对待可持续发展目标，且会出台一些政策措施去实现这些目标，那么只有在不符合可持续发展目标的领域中才可行的商业模式，显然是一种风险投资。

"压力测试"商业模式的概念是由气候相关财务信息披露工作组（TCFD）开发的气候报告框架的核心。在这一框架下，各企业应当"描述组织战略的适应力，考虑到不同气候下的相关情景，包括温度在 2 摄氏度或更低时的情景"。简单地说，这句话的意思就是，"请告诉我，如果气候政策成功实施，你将怎样利用你的策略赚钱"。**将气候问题视为一项与企业战略、资本结构、股息政**

策和投资回报等问题相关的重大财务问题，已被证明是企业管理者与企业所有者进行建设性讨论的重要议题之一。

但如上所述，压力测试的概念原则上适用于任何可持续发展目标。例如，如果我们实现了持续管理全球水资源的目标，企业在农业供应链中的商业模式会受到怎样的影响？如果我们实现了每个人的工资都足以维持生计的目标，企业将受到怎样的影响？

这种方法反映了负责任投资中的一个非常普遍的问题——需要在现实世界的"结果"评估（企业对外界环境有怎样的影响）与"风险"评估（外界环境对企业有怎样的影响）之间搭建一座桥梁。显然，这些评估是相互关联的，但到目前为止，我们在内部管理和报告中基本上还是会将它们区别对待。我们暂且抛开这个问题，先弄清楚我们在投资实践中建立并维持的反馈循环。我们需要明白，**今天的投资成果将决定明天可能面临的风险。**

近年来，企业报告方面取得了很多积极的进展，这对报告标准的趋同起到了明显的推动作用，对根据通用定义向投资者提供优质的决策相关信息而言也十分重要。这些信息将有助于投资者更好地理解风险及其影响，并更好地行使所有权。想要建立一个能够应对21世纪挑战的企业报告体系，我们还有很长的路要走，但这对于投资者来说是一个迫在眉睫的问题。如果不具备及时的、具有可比性的相关信息，就不可能实施有效的负责任投资策略。

当下，有关可持续发展和投资的文献不断增多，它们涵盖了以上讨论中的许多问题，本书是对这些文献的有益补充。本书经过深入的研究，为大家提供了许多相关领先投资者实施不同投资策略的实际案例。我希望，本书能指导并激励学者们更努力地去研究负责任投资。我们所面临的可持续性挑战是前所未有的，我们必须加倍努力，以做好充分应对。

SUSTAINABLE
INVESTING
序　言

源自北欧的可持续投资先锋的最新视角与最佳实践

　　可持续发展已成为影响我们所有人的全球性趋势。许多非营利组织、政治家和消费者都是可持续投资和可持续发展的倡导者。越来越多的企业开始致力于可持续商业运作，越来越多的投资者开始关注并遵守负责任投资原则。那么，这个全球性趋势具体是指什么？可持续投资是否有利可图？投资者是否必须在回报上做出妥协以支持可持续发展？

　　在本书中，我们将就可持续性如何为企业创造竞争优势，为投资者创造跑赢市场的机会加以说明[①]，并讨论投资者如何推动企业的可持续发展，分析其

---

① 有效市场理论认为，投资的市场价格总是处在"正确"的水平上：不存在低于价格的投资，也不存在超出价格的投资，因为所有公开的、与企业价值相关的新信息都直接而充分地反映在证券价格上。但实际上，市场并不总是高效的。因此，投资者可以通过积极投资、利用高超的分析能力等获得超额回报。

中的机遇和风险，助力投资者获得超额回报。

全球性趋势（如气候变化、数字化等）增加了信息的不确定性和不对称性，对未来的投资回报潜力有着重要的影响。当下，投资者分析这些现象的能力参差不齐，而对可持续投资的理解更为深刻的投资者常常掌握了比其他投资者更多的 ESG 信息。除了传统的财务信息，他们还会分析企业的环境影响力、社会责任和治理情况，以及这些方面对投资（超额）业绩的影响。从收入和成本结构的角度来看，这在很大程度上取决于 ESG 要素如何影响企业长期创造的附加值，以及企业在证券市场上的估值。

本书分为五部分：第一部分全面概述了可持续投资，总结了关于可持续投资的方法和挑战的最新科研成果；第二部分为积极所有者提供了促进投资对象的可持续性的手段；第三部分解释了如何进行可持续性分析，并讨论了各种投资产品的可持续性；第四部分总结了可持续性对盈利能力和回报影响的相关研究成果，同时还概述了有着悠久的可持续投资传统的北欧国家的可持续投资现状，包括对来自 18 家投资机构的专家进行的访谈；第五部分放眼未来，讨论了对于投资者来说至关重要的法律法规、可持续发展趋势以及投资活动的最新变化。

我们将从不同角度，通过例证来讨论可持续投资的可行性。同时，我们将从三个角度来描述投资者参与其中的意义。比如，通过航运巨头马士基集团船舶拆解的案例来说明挪威机构投资者 KLP 集团（Kommunal Landspensjonskasse，以下简称 KLP）的参与过程和目标；通过纸业巨头斯道拉恩索公司的案例来说明投资者应如何推动企业实现可持续发展目标；通过能源巨头荷兰皇家壳牌集团子公司和英国石油公司在年度股东大会上的股东决议案来说明投资者之间进行合作的重要性。此外，我们还将深入介绍工业技术企业 ABB 集团编写可持续性分析的案例。

我们将使用芬兰埃夫利银行（Evli Bank）的方法来检验可持续性分析的系统性，使用芬兰 OP 金融集团的工具来审查资金的可持续性。我们还将说明挪威本土养老基金如何评估与挪威政府养老基金有关的气候风险，以及荷兰 PGGM 是如何研究水风险并找到可持续发展解决方案的。本书旨在向不同规模、持有不同资源的投资者介绍一些理性的思路和良好的做法。

基于研究，本书介绍了若干可用于评估投资可持续性的信息和实践模型，尤其是由机构投资者进行的股票和基金投资。本书是适用于每一位投资决策者（如股票分析师和投资顾问）的一本手册，包括个人投资者在内的每一位读者都将受益于书中分享的对机遇和挑战的分析以及专业投资方法。掌握了这些信息，即便是个人投资者，也可以评估他们的投资对象（包括基金和其他投资产品）的可持续性。

本书将为企业高管、投资者关系专家以及其他企业专家提供帮助，对于这些人士来说，确定投资者的期望是很重要的。本书阐述了什么类型的信息对投资者有利，这有助于企业专注于传达对创造价值至关重要的信息。此外，本书还可作为高校的可持续投资教材使用。

本书的芬兰语原版入围了 2020 年芬兰年度投资法案的候选名单，并被芬兰一般证券从业资格（APV1）和投资顾问资格（APV2）考试选用为考试教材。我们希望这本书的国际修订版能促进可持续投资的进一步发展。

在本书的撰写过程中，我们采访了可持续投资领域的许多专家和思想领袖，他们的看法和经验将帮助读者更好地理解可持续性和回报之间的关系，以及可持续投资的实践方法。作为 PRI 的高级官员和学者，我们建立的关系网帮助我们找到了最合适的受访者。

虽然可持续投资为投资者提供了获得超额回报的机会，但我们也必须以批判性的眼光来审视这一现象。综观本书，我们将描述可持续性投资的风险和局限性，以及可用的可持续性分析工具。理解这些内容非常重要。可持续投资及相关工具一直在演进，可持续性分析也很复杂。可持续是一个不断上升的趋势，社会对投资者的期望也在不断提高和变化。本书汇集了有关可持续投资的关键信息，投资者可以运用这些信息来提高自身的可持续性分析能力，从而识别出参与合作的机会，理解可持续投资的盈利能力和收益影响。

SUSTAINABLE
INVESTING

目 录

推荐序一　共筑可持续未来

鲁政委
兴业银行首席经济学家

推荐序二　前所未有的可持续性挑战

马丁·思坎克（Martin Skancke）
联合国负责任投资原则组织原主席

序　　言　源自北欧的可持续投资先锋的最新视角与最佳实践

---第一部分---
为什么可持续投资成为北欧投资者的必选项

第 1 章
可持续投资成为当下主流的 7 大原因　　　　　003
原因 1　提供更高的长期回报　　　　　005
原因 2　有助于发现优质投资机会　　　　　006
原因 3　易于开展有效的风险管理　　　　　008
原因 4　全球市场需求不断增长　　　　　010

原因 5　国际框架提供协调和支持　　　　　　　　　　　　011
原因 6　全球性趋势成为助力　　　　　　　　　　　　　　013
原因 7　相关法律法规不断完善　　　　　　　　　　　　　014

第 2 章
可持续投资的 3 大方法　　　　　　　　　　　　　　　017
方法 1　历史最为悠久的排除法　　　　　　　　　　　　　018
方法 2　最常用的主动所有权投资法　　　　　　　　　　　021
方法 3　正在成为焦点的影响力投资　　　　　　　　　　　023

第二部分
北欧投资者如何推动被投企业的可持续发展

第 3 章
通过主动所有权投资法施加影响　　　　　　　　　　　027
充分行使股东权利　　　　　　　　　　　　　　　　　　　027
相关法律法规提升股东对重大交易的话语权　　　　　　　　030
投资者参与企业经营的合作路径　　　　　　　　　　　　　032

▎北欧可持续投资实战案例▎
- 荷兰皇家壳牌集团子公司和英国石油公司在股东大会上关于气候风险的决议　037
- 芬兰斯道拉恩索公司在危机应对中将可持续发展确定为核心战略　040
- 挪威 KLP 集团与丹麦马士基集团就负责任船舶回收进行合作　057

第三部分
北欧投资者如何通过可持续性来评估企业的投资价值

第 4 章
如何进行可持续性分析   073
传统投资分析中的可持续性视角   074
商业服务机构提供的可持续性专业分析   075
如何确定可持续性分析的主题   078
借助可持续性分析识别相关风险和机遇   084

▎北欧可持续投资实战案例 ▎
- 从瑞士 ABB 集团可持续性分析评估其投资价值   086

第 5 章
运用可持续性分析工具评估各类投资   101
当前可持续性分析工具的主要类型   101

▎北欧可持续投资实战案例 ▎
- 荷兰养老基金致力于投资提供可持续解决方案的企业   114
- 芬兰埃夫利银行通过可持续性分析工具实施和协调可持续投资   119

前瞻性可持续性分析工具   132

第 6 章
各类投资产品的可持续性评估   135
基金的可持续性评级   135

▎北欧可持续投资实战案例 ▎
- 芬兰 OP 金融集团每年监测外部基金的做法   140

股票市场指数 　　145
可持续发展企业基准指数 　　146
用于气候风险管理的低碳指数 　　151
不同资产类别的可持续性评估 　　152
个人投资者的操作方法 　　161

第四部分
北欧投资者如何通过可持续投资获得高回报

第 7 章
可持续投资的北欧视角 　　169
可持续投资的目标和现状 　　169
机构投资者的可持续发展动向 　　171
可持续投资优势能否长久 　　173

第 8 章
可持续投资回报的影响因素 　　175
可持续投资评级与财务盈利能力密切相关 　　176
企业声誉和媒体形象对企业市净率有积极影响 　　177
可持续性评级与资本回报率呈正相关 　　177
可持续性要素的重要方面对回报有重大影响 　　178
可持续性与企业应对风险能力的关系 　　179
可持续性评级与企业市值波动的关系 　　180
各种可持续投资方法的回报状况 　　181
可持续投资研究的发展方向 　　184

第 9 章
影响企业可持续性盈利能力的因素   189
- 净销售额   189
- 经营成本   191
- 财务成本   192
- 纳税额   193
- 投资者的可持续投资战略   196
- 企业的可持续发展战略   199
- 企业道德   203

第五部分
北欧可持续投资的趋势和未来

第 10 章
通过可持续金融相关立法进行金融体系改革   209
- 金融体系的可持续转型与气候风险管理   209
- 欧盟可持续金融相关立法   211

第 11 章
可持续发展趋势蕴含无限商机   217
- 如何在气候风险中找到机遇   218
- 如何应对影响投资回报的水风险   222

┃北欧可持续投资实战案例
- 挪威政府挪威养老基金评估气候变化对商业的未来影响   226
- 荷兰养老基金对水风险的分析及应对   231

尊重人权是可持续发展的重要组成部分 234
信息安全是投资者评估企业可持续性的重要视角 238
未来几年将对投资对象产生重大影响的
其他可持续发展主题 241

第 12 章
可持续投资正在产生更高的回报 247

对可持续发展趋势的预测是能否收获回报的关键 244
通过更全面的分析识别可持续投资机会 248
可持续投资已成为一项基本要求 250

SUSTAINABLE INVESTING

Beating the Market with ESG

第一部分

为什么可持续投资成为北欧投资者的必选项

第 1 章
可持续投资成为当下主流的 7 大原因

关于可持续投资，人们的看法各不相同。有人认为，可持续投资意味着投资者需要在回报上做出让步；也有人将可持续投资视为一种创造竞争优势的策略。根据最新的统计数据和研究，可持续投资正逐渐成为主流。

企业绝对无法避免不履行社会责任所带来的后果：破坏环境可能会让企业付出高昂的代价；通过贿赂获得的营业执照可能会被吊销；不道德、不负责任的商业行为可能会令消费者和投资者望而却步，从而增加财务成本。这些可持续性方面的负面信息会在互联网上迅速传播，进而影响企业的业务运营和财务数据。据此，可以将企业分为两类：一类是考虑甚至提前考虑可持续性因素的企业，另一类是直到出现问题才开始考虑可持续性的企业。同样，也可以将投资者分为两类：一类是运用可持续性分析来预测风险和机遇的投资者，另一类是直到出现问题才会运用这类方法的投资者。

可持续投资是基于对每个企业都至关重要的 ESG 信息以及传统的财务数据而做出的投资决策。在进行可持续性分析时，企业需要评估的环境影响力通常包括能源效率、排放量、废弃物、气候变化、各种环境项目等，同时可以通过考虑人权、劳工权利和产品责任等方面来分析社会责任。与公司治理相关的方面，可以就反腐败和反贿赂行动、纳税情况、首席执行官和高级管理层的行为，以及董事会的遴选、组成和独立性等方面进行分析。

可持续性分析拓宽和加深了投资分析的广度和深度，因为企业的价值创造对财务报表信息的依赖度会降低。 相较于传统的财务报告分析，可持续性分析提供了更全面的企业信息，尤其是有关风险和机遇以及企业对环境和社会影响的信息。

SUSTAINABLE INVESTING 可持续洞察

| 斯蒂芬妮·梅尔 (Stephanie Maier) | 汇丰全球资产管理负责任投资总监（投资资产约为 4 340 亿欧元） |

可持续性分析有助于投资者做出更好的投资决策，因为它可以从更广阔的视角来评估那些被低估或被高估的投资。除了单纯将可持续性作为一个风险和回报的问题外，投资者对可持续投资更为关注：企业的目标是什么？除了财务回报以外，还能得到什么收获？

随着时间的推移，人们对可持续投资的认知度和关注度逐步提高，我们看到这两种因素正在逐渐融合。我希望投资者能更多地关注到这些影响，并认同可持续发展的目标。

在全球范围内，越来越多的资金被用于可持续投资。 根据全球可持续投资联盟 2019 年的数据，2016—2018 年，由机构投资者进行的可持续投资在全球范围内增长了 34%。这其中存在明显的地域差异：澳大利亚和新西兰 63% 的投资资产、加拿大 51% 的投资资产、欧洲 49% 的投资资产被用于可持续投资，而美国和日本的可持续投资占比仅为本国投资资产的 26% 和 18%。

可持续投资资产的占比将迅速提高。 据德意志银行预计，在由全球专业投资者管理的所有资产中，可持续投资资产的占比将从2018年的25%增长到2035年的95%。根据摩根士丹利可持续投资研究所2018年的一项调查结果，84%的资产管理公司要么正在计划投资，要么已经投资于那些在ESG方面具有可持续性的企业了。此外，重视可持续发展的企业在新冠疫情引发的股市暴跌中表现出了更好的恢复力。根据晨星公司2020年的数据，新冠疫情期间，流入可持续基金的资金规模创历史新高。

随着投资资产的增加，可持续投资的方法也在不断演进。牛津大学教授阿梅尔-扎德（Amel-Zadeh）和哈佛商学院教授塞拉芬（Serafeim）在2018年考察了约650家全球机构投资者的可持续投资现状和未来状况。结果显示，约82%的受访者在做出投资决策时使用了ESG信息；预计未来5年，投资者对可持续投资和将ESG信息进一步整合到股票估值中的态度，将逐渐从排斥转向青睐。

目前，可持续投资已经成为众多机构投资者努力把握的主流现象。然而，这一行为是建立在自愿基础上的，其规则和方法在很多方面仍处于早期发展阶段。目前，金融市场上的许多法定和自愿项目，正在努力创建全球性的规则和各种做法之间的通则。本书将介绍这些不错的做法，并说明各种方法和分析工具的目标和优劣，以便于拥有不同资源的投资者可以更好地实施可持续投资策略，并为未来的变化做好准备。

原因1　提供更高的长期回报

在投资界，创造价值是一小部分道德投资者的主要动力，这些投资者也愿意在回报上做出让步。**不过，越来越多的科学研究表明，可持续投资具有盈利空间，投资者在进行可持续投资时无须让渡收益**。具有社会责任感的投资者在做出投资决策时会考虑可持续性因素，并评估可持续性对收益的影响。**可持续投资的目标不仅是获得良好的收益，也包括让世界变得更好**。例如，如果一家养老金公司投入的资金不能在长期内产生良好的收益，那么这家公司的经营在财务上就不具有可持续性。随着研究指标的不断演进，越来越多的研究表明，投资者可以选择最具营利性的方法，利用可持续投资策略，获得超额收益。根据这些研究，我们可以得出以下结论：

- 长期来看，可持续投资是以较小的风险产生更大的收益。
- 重视可持续发展的企业拥有更好的融资渠道，资金成本更低。
- 重视可持续发展的企业，其客户在经济衰退期间忠诚度更高。
- 重视可持续发展的企业在公开上市时估值更高。
- 投资可持续性评级更高的企业会带来超额收益。

金融机构的报告也显示，可持续投资策略能产生良好的收益。例如，据北欧联合银行和管理挪威政府全球养老基金的挪威央行投资管理公司报告，可持续投资优于一般市场投资。根据彭博社2020年的数据，2019年，美国9只排名靠前的ESG共同基金跑赢了标准普尔500指数，其中7只基金在过去5年中跑赢了市场基准值。可以说，财务方面的盈利能力也为可持续投资成为主流赢得了支持。

原因2 有助于发现优质投资机会

根据研究结果和统计数据我们可以知道，将系统性的可持续性分析与财务分析相结合，投资者就能识别出那些在一般市场发展中可以带来超额收益的投资。需要指出的是，与传统的财务报表分析相比，可持续性分析的门槛更高，除了涉及额外成本，它还要求投资者研究更广泛的信息。

这往往会引发讨论：没有进行系统的可持续性分析，投资对象的可持续性是否已经被纳入证券价格之中？根据财务理论，企业的价值是基于未来现金流的现值，也就是说，应将影响未来净现金流（收入扣除费用）的所有因素纳入企业的价值。除了现金流，估值还受到回报要求和风险承担的影响。根据当前的信息，市场无法将可持续性的考量纳入企业的价值中，可持续性往往没有得

第 1 章
可持续投资成为当下主流的 7 大原因

到充分衡量,甚至被低估。

虽然 ESG 信息是公开的,但新的信息并非总能及时且充分地反映在证券价格中。原因主要包括以下几个方面:(1)分析师的技能和知识各有不同。一名投资者可能较其他投资者拥有价值更高的 ESG 信息和分析方法,这让他能够获得超额收益;(2)可持续投资的长期性解释了可持续性被低估的原因,也就是说,可持续投资的成本会立即显现,但其收益和正向现金流只有在未来才会显现。分析师集中关注季度中期报告中的定性数据,其中可持续投资的结果不透明且难以追踪;(3)全球性趋势会牵涉所有的投资,会扰乱有效市场,证券的市场价格并不总是处于"正确的"水平。

通过可持续性分析,重视可持续发展的投资者会努力挖掘因可持续性产生的任何潜在的竞争优势,这些优势一旦发挥作用,将产生大量的正向现金流。

可持续投资策略

不同类型投资者通过可持续性分析创建策略的方式

- 规避风险并寻求稳定回报的投资者,可以选择在可持续方面表现优秀且风险较小的企业,因为这些企业会产生绝佳的收益。在投资文献中,这类投资者通常被称为追求稳定回报的股息投资者或优质投资者。

- 承担风险并寻求高价值增长的投资者,可以选择可持续性被低估的企业,这些投资者可能会通过讨论或行使主动所有权(后文将详细讨论)等方式来影响此类企业。在投资文献中,此类投资者被称为价值投资者或成长型投资者。

许多可持续投资，尤其是基金，在营销时往往会采用前一种策略。然而，善用主动所有权的投资者对可持续发展所期望的直接影响可能在后一种策略中表现得更为显著，因为所有者能够影响企业，推动企业践行可持续发展。如果一家企业在可持续性上表现不佳，并且不再从其他投资者处获得资金，或者以更高的价格获得资金，那么，建立在可持续性标准上的投资策略可能会发生作用。

原因3　易于开展有效的风险管理

风险管理是令可持续投资成为主流的最重要的原因之一。估值是基于未来的现金流、回报要求和风险等级而得出的。可持续投资者需要识别潜在的风险并评估这些风险对估值的影响。贷款人也会将可持续性信息的透明度情况视为判断还贷中断风险的一个因素。根据研究，实行可持续经营的企业更容易获得融资，成本也更低。

出于风险管理的考虑，企业也在关注可持续性，因为**即便是发生与ESG要素相关的单一风险，也可能对企业的盈利能力产生重大影响**。风险评估时，需要审查企业过去的负债、当前面临的挑战和未来的风险困境。可持续投资并不等同于无风险投资。

据世界经济论坛《2018年全球风险报告》，影响力最大的全球风险包括大规模杀伤性武器、极端天气事件、自然灾害、无力应对气候变化、水危机、网络攻击、粮食危机，以及生物多样性丧失。最有可能出现的重大风险包括极端天气事件、自然灾害、网络攻击、信息安全漏洞、无力应对气候变化等。

通常，投资者可以通过充分分散投资来管理风险。然而，如今关于风险的讨论已经进入了新的层面。例如，气候风险非常普遍，且涉及许多重大风险，因此很难分散此类风险。

第 1 章
可持续投资成为当下主流的 7 大原因

气候风险是指由气候变化引起的风险,它与企业的商业运作和整个社会的安全息息相关。为了缓解全球变暖,人们试图建立一个低碳或碳中和的社会。在这一过程中,可能会产生气候风险。如果全球变暖没有得到缓解,如果洪水或干旱等对投资产生了影响,也会产生气候风险。

转型风险是指与企业商业运作和表内资产有关的风险,这类风险是由于采取了缓解气候变化的措施以及温室气体排放价格的上涨而产生的。如果发生转型风险,伴随着整个社会碳中和进程的不断加快,当所有的石油、天然气、煤炭资源都无法使用时,一些资产将失去价值,成为搁浅资产(stranded assets)①。这将引起重大的连锁反应,最坏的情况可能是,金融市场将产生系统性风险②。

SUSTAINABLE INVESTING
可持续洞察

基尔西·凯斯基塔洛 (Kirsi Keskitalo)	芬兰养老金公司 Keva 负责任投资主管(投资资产约为 530 亿欧元)

> 投资,归根结底是以合适的价格承担风险。换句话说,成功的投资通常要对投资的风险回报率做出有效预估。气候风险具有多样性,因此难以给出准确的估值。许多不确定性与气候变化的影响相关,与社会上采取的一些旨在缓解气候变化的措施相关,所以投资者很难估计气候变化可能对投资带来的货币影响。

---

① 搁浅资产指由气候政策、市场监管等导致的无法获得经济回报的基础设施投资,尤其是资产价值的减记、贬值或转为负债的损失。——编者注
② 系统性风险指由金融机构的连环倒闭引起的连锁反应。当一位经营者无法履行其义务,对其债权人造成损害时,就会发生连锁反应,即反过来会导致债权人很难履行其义务。一般来说,系统性风险是指整个金融行业几乎都被拖入危机中,而危机将引起其他经济行业的风险。

由于与气候风险评估相关的指标尚在开发中，所以股票市场准确评估气候风险的能力很可能还只是处于早期发展阶段。对于投资者来说，找到这两个问题的答案很重要：与投资者相关的气候风险是什么？企业在市场估值中是否充分考虑到这些风险？

原因 4　全球市场需求不断增长

可持续投资是全球成长最快的投资策略之一，因而市场上涌现出许多新的可持续投资产品。可持续性对于投资者和被投资者而言非常重要，双方都不想因负面影响而损害自己的声誉。在众多投资者中，越来越多的个人投资者对可持续投资产生了兴趣。

与此同时，可持续发展目标也为企业提供了新的商机。2018 年芬兰养老金公司 Keva 对投资经理人的调查显示，虽然气候变化被视为全球性风险，但欧洲投资者却将其视为一种机遇。在他们看来，欧洲企业拥有减缓气候变化的专业知识和技术，这样就创造了新的商机，而这些商机在未来会拥有更大的吸引力。2015 年普华永道的一项数据显示，在全球范围内，78% 的人更愿意从遵守可持续发展原则的企业购买产品和服务。社会大众对可持续性的期望越来越高，甚至在投资产品的选择上也是如此。巴克莱银行、摩根士丹利等几家投资机构进行的调查显示，年轻一代对可持续投资尤其感兴趣。

在投资者队伍中，机构投资者的力量尤其强大。在国际上，机构投资者持有很大一部分证券。比如，机构投资者持有美国十大上市企业 80% 的股份。其中，主要机构投资者坚定地致力于可持续投资。养老金和保险公司、资产管理公司及其他机构投资者通常会将可持续性整合进它们的投资策略。

原因 5　国际框架提供协调和支持

我们知道，可持续投资是由联合国负责任投资原则组织定义的；负责任的企业经营是由《全球契约》(Global Compact)指导的。《全球契约》由十项原则组成，涉及与人权、劳工标准、环境和反腐败相关的主要国际规范。除上述两个框架外，联合国可持续发展目标向我们描述了全球可持续发展面临的挑战，并为公共组织和私人经营者设定了要达到的目标。不断增长的可持续投资是对联合国可持续发展目标和《全球契约》的积极响应。

2006年，联合国环境规划署和全球契约组织与主要投资者和专家合作，起草了《负责任投资原则》(Principles for Responsible Investment)，并成立了负责任投资原则组织。负责任投资原则组织是由成员方资助的独立的非营利性组织。每年，它都会发布数份支持可持续投资的指南和报告。签署了《负责任投资原则》的机构致力于贯彻执行以下六项原则：（1）将ESG议题纳入投资分析和决策过程；（2）成为积极的所有者，将ESG议题纳入所有权政策与实践；（3）促使被投资机构合理披露ESG信息；（4）推动投资行业广泛采纳并贯彻落实《负责任投资原则》；（5）共同提高《负责任投资原则》的实施效果；（6）报告《负责任投资原则》的实施情况和进展。截至2020年11月，全球约有2 900家组织签署了《负责任投资原则》。在投资规模方面，《负责任投资原则》覆盖了1 000多亿欧元的投资资本。

在负责任投资原则组织的官网上，成员方名称及其年度监测报告都会被公布出来。如果成员方忽视了报告的提交，它们将被移出负责任投资原则组织成员方名单。此外，负责任投资原则组织也就负责任投资提出了最低要求，达不到该要求的机构同样会被移出成员方名单。2019年，负责任投资原则组织将约10%的成员方列入观察名单，原因就在于它们没有达到最低要求。2020年末，仍未达到这一要求的机构最终被移出成员方名单，其机构名称也随之被公示出来。

负责任投资原则组织在全球范围内积极促进可持续投资。比如，该组织支持全球投资者将ESG议题整合到投资和所有权决策中。同时，该组织还鼓励各成员方改进它们的报告内容，希望它们从2020年起，根据TCFD的建议进行报告。

联合国和负责任投资原则组织为促进可持续投资做出了极大贡献。它们为投资者设立的《负责任投资原则》、为投资对象设立的《全球契约》，以及为私营和公共部门设立的可持续发展目标，共同推动着各类经营者在全球范围内展开更具可持续性的经营，以便更好地履行社会责任。

Q SUSTAINABLE INVESTING 可持续洞察

菲奥娜·雷诺兹（Fiona Reynolds） | 联合国负责任投资原则组织首席执行官

我们努力在全球范围内开展工作，同时也承认，由于全球各地的监管环境不同，各个机构在负责任投资领域所处的发展阶段也各不相同。我们的职责不仅是与主要投资者合作，同时也要让世界各地的每一个人都向前迈进。投资是全球性的，它不局限于一个国家或一个地区的范围之内。这就是《负责任投资原则》是基于原则而非规则的原因之一，即它必须适应不同的监管环境。

我们与世界各地的监管机构和政府合作，努力确保实行良好的监管，以促进负责任投资的实现。我们还努力移除阻碍可持续发展的条条框框。早期，我们专注于信托责任问题，以确保投资者能够将ESG议题整合到他们的投资过程中。现在，我们正努力确保可持续发展的成果能够优先得到考虑。

原因 6　全球性趋势成为助力

影响政治决策的因素包括气候变化、全球化、数字化和人口增长等众多全球性趋势。在政治决策机制中，一些因素在全球层面和欧盟内部得到了解决，因为它们可以通过成员国内的法律法规产生实际影响。

SUSTAINABLE INVESTING
可持续洞察

塔里娅·哈洛宁 ｜ 芬兰前总统
（Tarja Halonen）

尽管我们成功地使超级大国的总统、议会、政府和其他公共部门经营者参与到了推动可持续发展的工作中，但这还远远不够。这部分资源对于我们应对气候变化和推动其他方面的可持续发展来说是杯水车薪。我们需要全社会统一思想。由于政府措施的影响力有限，所以，让独立经营者一致行动起来就变得十分重要。这不仅是公共部门的责任，也是整个社会的责任。商业部门、养老金公司、科学界、非政府组织以及众多其他利益相关者在促进可持续发展方面都能起到重要作用。消费者已经意识到这一点，优质投资者也在关注这一点。

2015 年，在纽约举行的联合国可持续发展峰会上，各国领导人一致通过了《变革我们的世界：2030 年可持续发展议程》（以下简称《2030 年可持续发展议程》）。该议程的 17 个可持续发展目标具有广泛性和普遍性，对于民营机构和公共部门都很适用。这是一份具有政治约束力的文件，所以各签署国将通过更多的限制性和激励性措施促进相关目标的实现。比如，限制排放的法律法规将增加，税收方面的积极变化（如税收优惠）和消极变化（如环境税）也将对商业部门产生直接的经济影响。《2030 年可持续发展议程》将在各国政府的监督下实施。可以说，政治决策对投资回报的影响巨大。

全球化增加了对所有商业运作和投资活动的可持续性进行评估的必要性。正如本书所示的案例一样，在应对不同的商业文化时，国际化商业运作不可避免地需要面对各种不同的挑战。比如，组织结构和供应链变得更加复杂，所有权变得更加分散。这就需要通过监测、审查和报告来提高透明度和信任度。许多投资者选择使用可持续性分析来支持自己的评估。其中，一些投资企业将它们的可持续发展调查发送给做分析的企业，使其成为可持续性分析的一部分。此外，许多投资者甚至通过小规模控股的方式，试图对各企业施加影响，从而在全球投资活动中积极推行可持续性要求。

数字化使得追踪和监控可持续性变得更加便捷可行，且不受时间和地点的限制。数字化增加了商业机会，但也会引发可持续性风险，例如会产生有关信息安全和数字隐私的人权问题。除此之外，数字化也使得消息无论好坏都可以通过非政府组织和社交媒体快速传播。

在新兴市场中，人们的生活水平不断提高，但与此同时，人口的增长也令全球生态系统越来越不堪重负。这就是为什么越来越多的人开始在循环经济和其他支持可持续发展的商业模式中寻求解决方案。

这些全球性趋势都在影响着政治决策的制定，并在众多层面都有所表现，比如法律法规的变化、限制措施的出台、税收或财政措施的施行等。投资者必须拥有宏观发展视角，并且具备预测政治趋势的能力。其实，这些全球性趋势既蕴含着风险，也蕴含着新的商业投资机会。

原因7　相关法律法规不断完善

目前，与可持续投资相关的法律法规正在制定中，预计未来10年内会显著增多，比如欧盟正在推行的可持续金融行动计划。

立法改革的目的是使融资系统与可持续发展目标相一致。以往，融资系统在做出有关投资和融资决策时，往往没有考虑长期（如5～10年）的负面风险，而仅仅关注短期和快速的回报，因此受到了不少批评。以下方面已经被视为在打造健全的可持续融资系统时需要面对的重大障碍：

- 对可持续性理念与企业估值之间的联系理解不深入，导致将ESG议题整合到投资中的速度放缓。
- 没有统一标准的可持续发展报告影响了可持续性分析的质量，这是因为各企业报告的信息往往不具有可比性，即便在同一行业内部也是如此。
- 投资者主要受信托责任的引导，也就是说，机构投资者和资产管理公司在投入他人的资产时，必须确保可盈利以及资金的安全性。现行法律法规尚未明确规定考虑ESG议题是机构履行社会责任的一部分。虽然通过可持续投资可能获得超额收益，但并非所有的可持续性因素都对企业的收益有积极影响，至少从单项考察和短期考察来看并非如此。放眼望去，没能跑赢市场的可持续发展主题基金也不在少数。
- 目前，关于投资产品需要具备可持续性的主张尚未标准化，也没有对可持续投资设定法定最低要求。这辜负了客户的信任，也引起了大众对漂绿（green washing）[1]行为的质疑。例如，有人质疑说，运营商并未对投资组合做出任何调整，却开始将基金作为可持续基金进行营销。

因此，为应对以上挑战，相关部门应尽快将建立更加和谐的国际惯例、制定可持续融资法律法规等工作提上日程。

---

[1] 漂绿指企业和金融机构夸大环保议题方面的付出与成效的行为，在可持续发展报告中对环境保护和资源利用作出言过其实的承诺和披露。——编者注

第 2 章
可持续投资的 3 大方法

人们经常将可持续投资与道德投资相混淆，实际上，这两种投资在投资理念、投资回报和投资方法上是有区别的。可持续投资已经成为主流，而道德投资仍然不太常见。但是，《全球契约》原则和基本国际准则正指导着投资者开展越来越多的符合道德标准的可持续投资。

道德投资源自投资者的价值观。为了使自己的投资符合道德和良知，道德投资者愿意让渡他们的预期回报。道德投资者通常会拒绝投资 5 类罪恶股票：酒精类、烟草类、军火生产类、成人娱乐类和博彩类。基于道德选择，投资者有时也会排除其他类似企业，如金融企业（支付利息）、制药企业（节育）、肉业企业（猪肉或所有动物制品）等。起初，道德投资者往往秉持的是宗教价值观，但他们的投资越来越多地受到与环境目标相关观点（如应对气候变化）的影响。

可持续投资是指在投资中考虑 ESG 要素，以及由这些要素产生的风险、机遇与投资对象价值之间的联系。可持续投资者通常要遵循一套国际规范或一个国际框架，如《负责任投资原则》。可持续投资者寻求良好的投资回报，但他们也试图考虑事关企业可持续发展的 ESG 要素，优先选择那些有利于实现可持续发展的投资对象。可持续投资的方法多种多样，投资者可以把更多的注意力放在适合自己的方法上。在实践中，可持续投资者可以同时使用几种方法，这些方法有时可能会存在重叠情况。作为投资策略的一部分，投资者除了会优先使用能让自己获得超额回报的方法外，还会尝试其他各种方法。

可持续投资有很多种方法。本书将这些方法归为三类：排除法、主动所有权投资法和将可持续性因素纳入投资决策的方法（见图 2-1）。

排除法
- 产品（如烟草、核武器等）
- 活动（如国际规范、气候影响等）

主动所有权投资法
- 被动参与（问题出现后）
- 主动参与（基于风险考量）

将可持续性因素纳入投资决策的方法
- 可持续发展是投资的一部分
- 选择同类中最佳的投资对象
- 主题投资（如可持续发展目标）
- 影响力投资（如绿色债券、小额贷款基金）

图 2-1　可持续投资的主要方法

方法 1　历史最为悠久的排除法

排除法（或负面筛选法）是历史最为悠久的可持续投资方法，它源于道德投资法。它曾在可持续投资中扮演着重要的角色，但随着其他方法（如主动所有权投资法和将可持续性因素纳入投资决策的方法）变得更加普遍，排除法的重要性开始下降。排除法最初关注的是前文提到的罪恶股票以及存在争议性的行业。例如，烟草股一度被道德投资者视为罪恶股票。而今，由于的确存在不可避免的健康风险，主流投资者也越来越多地将烟草企业排除在外。据估计，全球每年约有700万人死于吸烟，因此，烟草企业也被排除在《全球契约》倡议的投资范围之外。尽管烟草有害，但它却是一项具有很大盈利空间的投资。据众多投资者报告，他们因排除了烟草投资而损失了丰厚的收益。

在《负责任投资原则》和国际规范之间也存在灰色地带，想要在这些灰色地带投资，投资者需要评估它们的可持续性。许多投资者排除了对存在争议的武器工业的投资，这些武器可能包括核武器和国际公约禁止的武器。投资者还必须就存在争议的武器做出界定（例如，存在争议的武器是否也包括发射台、维护设施或关键部件，它们也可能有与存在争议的武器无关的用途）。可持续性分析服务能够帮助投资者厘清这些政策，但这些投资者可能得出不一致的结论。

近年来，投资者越来越多地将煤炭开采和燃煤电力企业纳入他们的问题行业名单，因为这些行业会产生负面的环境影响和环境风险。自2015年以来，挪威政府全球养老基金已经排除了对继续开采和使用煤炭的企业的投资。做出这一决定的原因与气候有关。此后，更多的煤炭开采企业被排除在外。据2018年发布的一份资产所有者碳信息披露项目（AODP）报告，世界上最大的100家养老金企业中有15%排除了煤炭投资。这一行为通常涉及更具体的要求，如限制净销售额，这项限制措施旨在将那些可能对环境造成较大伤害的企业排除在投资组合之外（例如，如果煤炭销售占一家企业总销售额的30%以上，则这家企业将被排除）。丹麦和挪威的一些机构投资者也在它们的投资中将专注经营油砂的企业排除在外。这些都是出于环境原因而做出的决定。

煤炭及其他形式的化石能源涉及转型风险，因此投资者必须从价值和风险两方面去评估对这些行业的投资，当然，排除这些投资的最终原因也可能是（起码部分是）出于财务考虑。如果投资收益率因法律法规变化、消费者行为或气候风险而受到影响，久而久之，这种影响也会反映在这些企业的现金流量表中，因为在基于永续贴现的计算公式中，这些现金流只能持续有限的一段时间。例如，某些产品或行业的现金流的生命周期可能不是无限的，而是 5~10 年。同时，该计算公式中包含的高风险（回报要求）也对价值有着直接影响。因此，企业资产负债表上的一些资产将失去价值，成为搁浅资产。

如果几个投资者同时将专注于经营化石燃料的企业排除，这些企业的市值会因此而下降，新的所有者将会按照标准市盈率以较低的价格购买股票。然而，低价涉及两个假设：第一，未来现金流将继续保持不变，产生良好的回报；第二，企业的市值已经企稳，不会因新的撤资等原因而下降。投资者应批判性地评估这两个基本假设。同样的估值悖论也适用于其他被排除的投资对象，如烟草企业。在西方国家，这些企业的产品消费（现金流）正在减少，它们的业绩取决于新兴市场。然而，随着法律法规的逐步健全，新兴市场的消费也存在减少的风险。

SUSTAINABLE INVESTING 可持续洞察

安德烈亚斯·斯唐（Andreas Stang） | PFA 资产管理可持续发展主管、前高级投资组合经理（投资资产约 750 亿欧元）

撤资的主要目的，是让企业知道投资者对某些活动不满意，并对此感到担忧。但我认为，从长远来看，撤资并不能大幅改变资产的价格，除非通过扭转公众情绪或修改某些产品的法律法规等方法，使撤资的势头增大（但是，这个方法仅适用于大部分投资者基于公司治理等因素都不愿意投资的小企业）。例如，香烟的销售对烟草企业的股票价格有重大影响，而消费习惯是可以改变的。但就目前而言，烟草企业面临的最大风险可能来自立法的变化，而非来自撤资或消费者。

同样，与碳泡沫有关的争论并不是影响化石燃料价格的唯一变量。相反，股票的估值反映了大宗商品（如石油或煤炭）的价格以及商业模式的有效性。然而，煤炭企业的利润不可能永远持续下去，很难说它们何时将不再盈利。有些煤炭开采企业仍在盈利，但未来它们必须提高经营效率，向着其他大宗商品转型，实现多元化发展。投资者应审查企业在各领域的产品选择，并评估未来对企业产品的需求。股票价格是基于对未来煤炭需求量的不断变化的观察而定的。

方法 2　最常用的主动所有权投资法

具有社会责任感的投资者会根据其目的确定自己认为最合适的投资策略，并选择最合适的投资方法和分析工具。根据阿梅尔-扎德和乔治·塞拉芬（George Serafeim）在 2018 年进行的一项国际研究，投资者最常用的可持续投资方法因地理区域而异。在全球范围内，最常用的方法是主动所有权投资法（37%）和将可持续性因素纳入投资决策的方法（34%），这两种方法尤其为欧洲投资者和其他地区的大型投资者所青睐。其次是排除法（30%）和主题投资法（21%），这两种方法尤其受北美投资者和其他地区的大型投资者的欢迎。从投资者的未来计划来看，主动所有权投资法将成为未来 5 年最受欢迎的方法。相比于将可持续性因素纳入投资决策的方法，主动所有权投资法是一种回报率更高、操作更简单的可持续投资方法。但是，基于全面而深入的可持续性分析，将可持续性因素纳入投资决策的方法是最为先进的可持续投资方法。把将可持续性因素纳入投资决策的方法与主动所有权投资法相结合，投资者就具备了分析投资对象的优势。

主动所有权投资法是基于所有者积极引导企业战略和经营目标的一种投资

方法。主动所有者将其可持续发展目标传达给企业的董事会或管理层，然后监测该目标的实现情况，并解决出现的任何问题。关注可持续发展的投资者能够通过参与股东大会和与企业代表进行讨论的方式来影响企业的经营。例如，作为董事会成员的投资者能够为企业贡献他们的专业知识，影响企业的价值创造。根据研究资料，主动所有权投资法是提高附加值的有效方式，因为它减少了传统的委托代理问题。当所有者通过董事会聘用经理人来管理企业资产，而不是靠自己来影响企业的经营时，就出现了代理问题。同时，主动所有者也更了解企业的各项事务。

将可持续性因素纳入投资决策的方法是指思考 ESG 的各个因素对投资对象的价值创造的影响。对于这一方法，目前还没有标准化的定义，也就是说，每一位投资者都以自己认为最好的方式来实施该方法。许多机构投资者都会从外部商业服务机构那里购买可持续性数据、分析、评级报告，在进行投资决策时加以使用。将可持续性因素纳入投资决策是一种先进且重要的可持续投资方法，本书将对这种方法进行全面讨论。

偏爱法（也称"正面筛选法"或"同类最佳筛选法"）与排除法正好相反，它涉及与可持续投资有关的良好机遇。这种方法是指利用国际商业服务机构提供的特定企业的可持续性评级，从而选出最具可持续性的企业。在偏爱法中，投资者会根据所在行业的可持续发展标准对企业进行排序。换言之，不需要排除任何行业，各行业在投资组合中所占的权重可能不同。

基于标准的筛选法也是一种常见的可持续投资方法。它已经成为许多机构投资者尤其是基金公司的一种常规投资方法。在实践中，这意味着要定期对投资进行筛选，看有无任何违反国际规范的行为。基于标准的筛选法通常关注的是投资对象是否存在违反了与《全球契约》有关的国际规范的行为，或者违反了经济合作与发展组织（以下简称"经合组织"）《跨国公司行为准则》

第 2 章
可持续投资的 3 大方法

(*Guidelines for Multinational Enterprises*)的行为[①]。许多投资者都会寻求与涉嫌违反国际规范的企业进行接触,如果通过接触仍无法改善相关行为,那么,排除法通常被视为最后的手段。

使用可持续发展指数的投资方法考虑到了 ESG 的各个因素。可持续发展指数分为多种类型,根据可持续性评级,它们可能只包含所在行业中的最佳企业,也可能只包含专注于可持续发展的企业。使用可持续发展指数的投资方法通常关注的是流动性强的大型企业,因为这些企业有更多的可持续性评级和数据(选择流动性强的大型企业也有助于在交易中更好地形成指数价值)。使用可持续发展指数的投资策略,既适合机构投资者,也适合个人投资者,因为它提供了一种相对易于操作的可持续投资方式。然而,当直接根据指数进行投资时,投资者将确定可持续性的工作留给了商业服务机构。在主动投资中,指数还被用作评估回报率的基准值。

例如,ESG 领导者指数是基于明晟(MSCI,美国指数编制公司)为全球的机构投资者提供的特定企业评级,且已经排除了某些领域的企业,如烟草企业和存在争议的武器制造商,以及严重违反国际规范的企业。

方法 3 正在成为焦点的影响力投资

主题投资是指在选择投资时倾向于某些主题,即经营某些行业、生产某些产品或提供某些服务的企业。这些主题可能与可持续发展目标有关,涉及水、森林、气候变化等。在主题投资中,投资者通常会选择他们认为有巨大潜力的、符合特定主题的企业进行投资。在投资中,投资者要么希望支持与该主题

[①] 根据经合组织《跨国公司行为准则》,企业在经营中必须遵守所在国的法律法规,同时在自身经营中以及与供应商的合作中,要考虑、预防和降低在人权、劳工权利、环境和腐败方面的不利影响。

相关的业务发展，要么希望获得与该主题相关的投资回报。主题投资可以被视为可持续投资的一种形式，这意味着其他可持续投资原则并不广泛适用于所有的主题投资。关于主题投资的可持续性信息也可以通过单独评估该主题投资的 ESG 要素来获得。

影响力投资是一种将投资回报与社会效益相结合的复合投资形式。影响力投资有多种形式，包括支持可持续发展的绿色债券、社会影响力债券等。这些投资将用于资助对环境或社会群体有积极影响的项目。具体来说，通过绿色债券融资的项目可能与能源效率、可再生能源、公共交通或可持续建设等有关。通常，这些项目的目的是减少排放量。而社会影响力项目通常旨在防止人们无家可归或遭受社会排斥等社会问题的出现。在影响力投资的"原始"理念中，投资者的回报取决于所取得的进步，但绿色债券等投资并非如此。

从货币角度来看，影响力投资的份额仍然很小，但在短短几年内就涨了几倍。未来，随着需求的增加，影响力投资的有效性也应受到严格的审查，因为实际上尚不存在衡量影响力的标准化方法。在英国，人们已经率先发现了这种投资存在的负面影响：在伦敦所做的一个旨在消除无家可归现象的社会影响力项目失败了。该项目在结束后立即引起了公众的广泛关注，因为结果不尽人意，无家可归的人又重返街头。这虽然是个案，但它反映出一个问题，即衡量影响力的方法仍处于发展中，对它们的理解需要建立在更加详细的案例研究之上。

小额贷款基金是影响力投资的一种形式。它的投资对象是那些向贷款申请会被传统银行拒绝的人们发放小额贷款的经营者。小额贷款最初的目的是帮助发展中国家的穷人，使他们能够创办小型企业，但之后其目标群体有所扩大。

SUSTAINABLE INVESTING

Beating the Market with ESG

第二部分

北欧投资者如何推动被投
企业的可持续发展

第 3 章
通过主动所有权投资法施加影响

投资者作为股东，可以通过召开股东大会并展开讨论的方式来施加影响力，以促使企业实现可持续发展和良好的公司治理。选择投资对象时，如果主要关注点是风险调整后的回报（即充分考虑到了投资中涉及的风险程度），那么通常可以使用主动所有权投资法来达到对现实世界施加积极影响的目的。

充分行使股东权利

通常情况下，股东会在他们的所有权督导公共原则中表达对企业的期望，以及他们会如何行使所有权等相关信息。具体来说，这些原则通常包括投资者对于薪酬、董事会的遴选和资本结构的变化（股票发行授权的范围和有效性），以及越来越多的有关企业实现可持续发展的期望。在芬兰，根据法律要求，就业养老保险公司需要公布它们的所有权督导公共原则。

股东通常可以在企业年会和特别股东大会上行使正式权力。除此之外，最大的股东通常有机会通过提名程序影响董事会的遴选，在董事会中派驻代表。

在这一过程中，有些投资者关注的是董事会多元化①等内容，比如提高女性在董事会成员中的比例。

在许多企业中，个人投资者都会在召开股东大会之前讨论议程的主要条款，尤其是当这些主要条款与股东的所有权督导公共原则相冲突时。他们可以在大会之前与最大股东讨论不同的观点。通过会前讨论，个人投资者也能对大会议程的条款施加影响，这种影响要比他们基于持股比例而施加的影响更大，但前提是即将推进的各项工作要能帮企业在实现良好的公司治理上起到至关重要的作用，即它们必须是有利于企业及其他股东利益的良好做法。

国际商业服务机构的建议会产生影响

许多投资者会依据机构股东服务公司（Institutional Shareholder Services, ISS）和格拉斯-刘易斯公司（Glass Lewis）等国际商业服务机构的研究和投票建议而做出投资决策。这些建议通常基于良好的公司治理一般原则、上市公司的本地公司治理准则、市场的特点，以及商业服务机构自己的方法论。除了加权建议（如考虑可持续投资的建议）以外，商业服务机构还会提供符合投资者自身指导原则的投票建议。②一些投资者会根据商业服务机构的在线建议自动投票，尤其是当他们身处本土市场之外的时候。例如，在芬兰企业的股东大会上，许多通过股份托管服务（名义持有人登记册）进行投票的国际投资者都经常会遵循商业服务机构提供的建议一致反对某些提案。

近年来，商业服务机构就企业提案建议投反对票的情况通常涉及以下主题

---

① 关于董事会多元化的标准，英国最为先进。例如，英国100家最大的上市公司（富时100指数）的董事会中，必须至少有一位有色人种或者一个少数民族代表作为2021年的董事会成员。到2024年，英国250家最大的上市公司也应遵循同样的要求。

② 当欧盟《股东权利指令》（*Shareholder Rights Directive*）修正案于2019年生效时，商业服务机构必须在网站上披露更多有关其研究方法和编写投票建议的具体信息。

（在这类提案中，要么是企业提案与商业服务机构发布的指导原则相冲突，要么是提案中包含的信息不完整）：

- 相较于同一个市场中类似规模的其他企业，董事会成员的薪酬增幅过大。
- 股票发行授权规模过大（如超过 20% 的股权被稀释）。
- 薪酬方案违反了良好的公司治理原则，且没有提供足够的信息。
- 支付给审计师的非审计费用过高（如超过总费用的 50%）。

将可持续性因素纳入提案

股东也有机会在股东大会上自己提交提案，前提是股东的提案要与股东大会职权范围内的事项有关，且股东在大会召开之前已经以书面形式向董事会提出了该项要求。在芬兰，即便单一股东也有权让股东大会处理他们的提案，而在其他一些国家，要求则高得多。例如，可以提交提案的股东需持有该企业相当比例的股份。在芬兰，机构投资者提交的股东提案很少，近年来的提案一直与消除双重股权结构等内容相关。

在最近几年的股东大会上，由国际股东联盟提出的一些有关可持续性的提案得到了相当一部分股东的支持。某些情况下，企业甚至还建议批准此类提案。此外，私人和非政府组织偶尔也会向股东大会提交提案。然而，由于不切实际等原因，此类提案往往得不到足够的支持。

根据可持续投资研究所的数据，2020 年美国股东的提案中与 ESG 相关的 5 个最常见主题是企业政治活动、气候变化、体面的工作、多样性和人权。投资者呼吁企业提高透明度，报告与企业政治活动（如游说和支持政治候选人）相关的费用。在有关气候变化的提案中，75% 的提案与碳资产风险有关。有关体面的工作和多样性的提案通常会涉及董事会和管理层的多样性、性骚扰、妇女或有色人种雇员的地位等相关问题。这些提案通常呼吁企业要给予员工公平的代表权、薪资和待遇。在人权方面，提案涵盖的主题非常广泛，但普遍要求企业实行更严格的人权政策，并就风险管理展开更好的交流。

相关法律法规提升股东对重大交易的话语权

2017年，欧盟修订了《股东权利指令》，旨在促使上市公司和股东之间展开更多交流，使股东有更多的机会影响管理层展开的重大关联交易（由董事会或股东大会决定），便于外国股东在股东大会上投票，从而将投资者关注的重点从短期投资回报转移到其他方面。与此同时，该指令也关系到资产管理人和机构投资者。

美国在股东权利方面的立法发展历程与欧洲相反。2020年9月，美国证券交易委员会投票通过了一项规定，该规定提高了向企业的年度股东大会上交股东提案的门槛，并提高了重新上交提案前必须得到支持的投票比例。这项新规加大了股东在气候变化、社会公平和多样性等可持续性问题上推动企业向前发展的难度。美国证券交易委员会和企业游说团体似乎想阻止那些阻碍企业投票的"无关"问题的出现。它们所给出的理由通常包括企业及其他股东的"重大"成本。对此，许多投资者表示强烈反对。美国证券交易委员会的新规定进一步限制了股东在传统规定上有权获得的信息范围。自2021年美国政府换届以来，拜登政府正重新评估这种方式，并考虑制定进一步的指导方针来促进可持续投资。

欧盟对薪酬和所有权管理提出要求

随着《股东权利指令》的修订，如今，股东对欧盟企业能支付的薪酬拥有了更大的决定权，因为薪酬政策的批准是提交给股东大会决定的，所以包括首席执行官在内的薪酬都要受其约束。有关董事会和管理委员会成员的大部分薪酬原则已经被列入了股东大会的议程。欧盟的每个成员国都有权决定，管理层的薪酬政策是仅适用于首席执行官还是适用于整个管理层，以及该决定是建议性的还是约束性的。

养老金公司、投资于股票的资产管理公司以及其他机构投资者，都必须制定并披露其投资承诺政策。以前，投资者能够在很大程度上独立确定所有权指导原则的内容。随着欧盟《股东权利指令》的实施，这些原则的内容必定会更加详细。因此，这些原则应说明所有权指导和投资策略之间的关系，以及所有者用于监督上市公司关键事项的程序。

除此之外，养老金公司、资产管理公司和机构投资者等还必须报告投票权的行使情况以及给出投票建议的各方（如机构股东服务公司和格拉斯-刘易斯公司）的参与情况。同时，就业养老机构等还必须在这些原则中纳入行使其他与股份有关权利的信息，以及它们与投资对象及其他股东和利益相关者对话的信息。

管理准则日益普及

"管理准则"指的是对公司治理的法定要求进行补充的原则。管理准则主要面向管理其客户资产的机构投资者，鼓励机构投资者与它们的投资对象接触，从而进一步促进投资者与投资对象之间的合作。例如，将可持续性要素纳入投资决策，在股东大会上投票，提高报告的透明度，促进企业实现长期价值创造等。

管理准则在全球范围内发展迅速。2010年，英国发布了第一份管理准则，此后，澳大利亚、巴西、韩国、肯尼亚等国也相继发布了管理准则。国际公司治理网络（ICGN）发布了《全球管理准则》（Global Stewardship Code），鼓励机构投资者制定跨越法律界限的公司治理惯例，即便是在没有管理准则的国家也可以实行。虽然投资者遵守管理准则是自愿行为，但有时还是会遇到相关机构施压的情况。例如，日本最大的养老金基金日本政府养老投资基金（GPIF）要求其所有资产管理人都要签署日本管理准则。

SUSTAINABLE INVESTING
可持续洞察

| 康斯坦丁诺斯·塞尔加基斯
（Konstantinos Sergakis） | 格拉斯哥大学资本市场法和公司治理教授 |

全球股东管理面临的主要挑战之一是，如何让机构投资者成为投资对象的优秀监管者和主动所有者。在全球范围内同时存在的软性规范（管理准则或原则）和硬性法律法规，对于未来股东管理框架的构建和执行是必要的。在我看来，由全球金融市场造成的压力，是促使在这方面不积极的国家实现可持续发展的必要手段。软性规范（如机构投资者的管理准则）比硬性法律法规能更有效地促使业务和投资具备可持续性。

投资者参与企业经营的合作路径

投资者可以通过非正式讨论的方式对企业施加影响。能否在企业的经营中发挥重要作用，不仅取决于投资者的持股规模以及他们在社会中的重要性，还取决于经营环境中其他方面的发展状况。听取推动企业增强可持续发展能力的股东意见对企业也有益处，因为其他的投资者、民间社会经营者和管理部门也会表达类似的期望和要求。

参与经营的方式可以是短期的个别讨论，也可以是具有长期影响的系统磋商。个别讨论的议题可能包括召开股东大会通知上的议程条款，或者要求相关负责人报告可持续发展的某个具体方面（如气候风险）的计划或进展。

第 3 章
通过主动所有权投资法施加影响

具有长期影响的系统磋商通常基于企业运营中引起公众关注的某个问题，如违反人权、劳工权利、环境保护和反腐败规定等。参与经营通常是为了确保问题得到解决，且让企业知道如何避免未来发生类似的问题。

投资者也会通过积极参与经营来降低行业中的投资风险或提高投资的可持续性，例如与良好的公司治理、水资源和气候影响相关的风险。

可持续投资策略

投资者不同程度的参与经营方式

- 问题："企业如何在经营中考虑人权？"这类问题表明该主题对于投资者很重要，企业应对此采取一些措施。
- 请求：与问题相比，请求的程度更高，投资者需直接表达他们对企业的期望。例如，"请根据《联合国工商企业与人权指导原则》就企业的经营活动进行报告"。
- 要求："企业会做出改变／继续进行不良活动吗？""如果要继续进行这些经营活动，我们只能出售我们在企业中的股份。"在要求中，投资对象必须显著改变自身的经营方式，除非它想以投资者无法批准的方式经营。

人们常说，主动所有权投资法比出售投资的股份能获得更多的影响力。出售股份后，企业的指导方针将取决于新的所有者，企业无法保证能继续采取有利于其实现可持续发展的方法。实际上，当无法通过参与经营的方式促使企业做出改变，或者事实证明参与经营的努力无效，且投资者无法批准此类问题时，那么

排除这项投资就成为一种重要的手段。有些投资者在出售股票后仍然会与该企业进行对话。这样做可能是为了尽量使情况朝着更好的方向发展，以便未来可以重新投资该企业。

通过投资者联盟参与企业经营

投资者往往会通过合作的方式来增加经营的参与度和推动资源的有效利用。投资者联盟通常会与特定主题下的选定企业进行合作。负责任投资原则组织有一个网络平台，其成员可以启动合作项目并邀请其他投资者加入。在负责任投资原则组织中，这类合作项目涵盖了一系列主题，如关于棕榈油和纳税义务的问题。此外，还有其他由非营利组织协调的投资者合作项目。此类组织中较为知名的包括全球环境信息研究中心（CDP，前身是碳披露项目）、气候变化机构投资者小组（IIGCC，集中参与有关气候风险方面的合作）、全球投资者联盟"气候行动100+"（重在促进减排），以及农场动物投资风险与回报（FAIRR，集中应对集约化肉类生产带来的挑战）倡议组织。

也有许多投资者的联合声明和承诺没有涉及任何其他类型的参与企业经营的方式。例如《蒙特利尔议定书》（*Montreal Pledge*），签署方承诺的只是报告其每年投资的碳足迹。

对于投资者而言，除了广泛合作外，还有大量区域合作。在这类群体内与在广泛的联盟中相比，个人投资者通常有更多机会参与到合作目标和内容的制定。

通过商业服务机构参与企业经营

在一些合作中，很多投资者都会使用商业服务机构。此类商业服务机构包括国际权威的 ESG 评级及研究机构晨星 Sustainalytics、ISS ESG 和 Hermes

第 3 章
通过主动所有权投资法施加影响

EOS[①]。由商业服务机构协调或实施的合作项目可能与大型投资者联盟的运营项目存在部分重叠。除了代表客户参与企业经营外，商业服务机构还会协助投资者与投资对象就违反国际规范以及气候和水风险等各种主题展开交流。

仔细研究后，我们发现几乎所有商业经营活动都涉及可持续性挑战，包括供应链的运营和对客户的影响。商业服务机构及其合作伙伴均有自己的方法来评估投资对象的经营活动是否违反了国际准则，进而据此确定参与投资对象经营的优先事项。此外，有些商业服务机构会在必要时与投资对象的利益相关方展开全面的讨论，从而确定由投资对象解决的问题范围，以及它们要求其他经营者投入的程度。

商业服务机构也可以设定参与经营的目标。此类目标通常与解决问题有关，为了避免未来会重复出现此类问题，商业服务机构会帮助核实已实施的改进措施。商业服务机构还会定期监督改进措施的进展。在实施了充分的改进措施时，或者当参与投资对象的经营没有成效或看起来不可能有所改进时，商业服务机构会建议投资者停止与投资对象的合作。

由于商业服务机构将大量的投资者聚集在了一起，这让他们的目标变得越来越一致，从企业的角度来看，投资者的期望大致相同。此外，许多企业都非常重视来自可持续性商业服务机构的询问，如果没有取得足够的进展，如果企业不愿意与投资者讨论，那么投资者可能会出售他们所持有的股份。

激进投资者在推动可持续发展中的作用

除了机构投资者会普遍参与到投资对象的经营中，还有一类投资者也身处其中，那就是激进投资者，主要是指锁定那些表现不佳或处于特定情况下

---

① Hermes EOS 是 Hermes Investment Management 旗下一家从事保险业务的企业。

的目标企业的对冲基金。激进投资者会购买这些企业的大量股份，并试图让自己在董事会中派驻的代表推动企业实施重大改革。

激进投资者通常通过与企业管理层和董事会的讨论来参与经营，但如果私下努力失败，它们也会开展公开活动，以获得来自其他投资者的支持。例如，激进投资者可能会拟定股东大会的股东提案。通常，由激进投资者推动的改革往往会涉及良好的公司治理，如取消有碍企业重组的条款，任命独立董事会成员。近年来，其他可持续性因素也被纳入了激进投资者的议事日程，由激进投资者呈递的一些可持续性提案也得到了主要长期机构投资者的支持。

Q SUSTAINABLE INVESTING 可持续洞察

雨果·迪布尔 (Hugo Dubourg) | 摩根大通 ESG 研究联席主管

激进投资者也会根据对财务影响的大小来选择可持续性主题。例如，选择的主题可能是与石油和天然气行业的气候变化或者纺织业的社会问题相关的披露。我认为，最有趣的一个例子便是美国的两只基金与苹果公司之间的合作。2018年5月，在可持续发展上享有盛誉的美国加利福尼亚州（以下简称"加州"）教师退休基金（CalSTRS）和激进投资公司JANA Partners致信苹果公司，表达了它们对青少年使用电子设备成瘾的担忧。人们越来越担忧强制使用智能手机和平板电脑可能带来的长期影响，尤其是对年轻人的影响。此后不久，苹果公司就发布了帮助消费者控制使用苹果产品时间的新功能。

学术研究表明，激进投资者对投资对象产生的回报有积极影响。在激进投资者的参与下，目标企业改善了经营业绩，产生了风险调整后的超额回报，并提高了企业的市值。

北欧可持续投资实战案例

荷兰皇家壳牌集团子公司和英国石油公司在股东大会上关于气候风险的决议

背景信息

除了公共信息,本案例内容还基于2018年对斯蒂芬妮·梅尔的一次访谈。当时,她是汇丰全球资产管理的负责任投资总监。自2014年以来,梅尔主持了气候变化机构投资者组织的企业计划工作,同时还担任"气候行动100+"全球指导委员会的成员。

2015年,一群国际投资者向壳牌石油公司[①]和英国石油公司的年度股东大会提交了股东决议,投资者要求上述企业提供更广泛的气候报告并采取相关行动。这是受到企业管理层支持的第一批有关推动企业实现可持续发展的股东决议。

据梅尔表示,企业管理层之所以支持这些决议,是因为这些国际投资者与各企业存在牢固的关系。这些关系建立在过去的合作基础上,包括"瞄准A"联盟[②]和由IIGCC协调的集体合作以及由许多投资者进行的双边合作。梅尔表

[①] 荷兰皇家壳牌集团的美国子公司。——编者注
[②] "瞄准A"联盟由CCLA(英国最大的慈善基金管理公司之一)、地方当局养老基金论坛LAPFF,以及教会投资者集团和Rathbone绿色投资公司的最大成员组成。该联盟成立于2012年,其目标是通过CDP帮助英国十大电力公司和化石燃料公司实现最佳环境评级(A)。

示，投资对象认为，国际投资者提出的这些要求都是企业应该做的事情，所以企业通常会满足决议的要求。

关于投资者共同提议的作用，梅尔认为："如果企业认识到有广泛的投资者支持行动，协调合作会极为有效。股东决议可以作为推动可持续发展的一个信号。"

在壳牌石油公司和英国石油公司的年度股东大会上，这些决议获得了90%以上投资者的支持。梅尔表示："自决议通过以来，我们看到，壳牌石油公司和英国石油公司的报告有所改善，比如，它们的经营策略有了更为清晰的表述。然而，仅有这些还不够，它们还需要取得更多的进展，还要对履行决议的程度做出一些说明。股东决议得到了管理层的支持，这一事实改变了游戏规则，气候风险管理被提上了企业议程。"

壳牌石油公司和英国石油公司之所以将这些决议付诸实践，是因为石油和天然气是向低碳经济转型的关键领域。

梅尔解释说："我们希望可以动员更大的股东群体，以便能更全面地评估气候风险和提交更详尽的报告。"在英国，要共同提交股东决议，必须纳入至少100个不同的股东或股东持股份额达到5%，并且必须严格遵循提交流程的相关技术要求。

这些决议产生了广泛的影响，因为其他的行业参与者（如道达尔公司和艾奎诺公司[1]）也根据决议要求采取了相关行动。梅尔解释说："这些企业意识到了这一报告的合理性，于是采取了相关行动。股东决议得到了两大巨头管理层的支持，这向业内其他企业传达了明确的信号。"

---

[1] 前身是挪威国家石油公司。

第 3 章
通过主动所有权投资法施加影响

这些决议的影响力甚至超出了能源行业。在之后的一年中，英美资源集团（Anglo American）、嘉能可（Glencore）和力拓集团（Rio Tinto）三家矿业企业的股东也提交了类似的决议。石油、天然气和采矿决议体现出了 IIGCC 对这些行业的期望。其中的一些期望也反映在 TCFD 的建议之中。因此不难想象，这些决议对气候报告的生成产生了重要的影响，甚至成为气候报告的一项新标准。

> **SUSTAINABLE INVESTING**
> **作者解读**
>
> 通过股东大会参与企业经营，可以作为投资者影响企业发展的一种有效方式。对于使用这种方式的投资者来说，在股东大会之前就联合起来，仔细拟定大家试图变更的条款是必要的。壳牌石油公司和英国石油公司都改变了它们过去的做法，并引发了连锁反应。因此，业内其他企业也开始应用相同的原则，这使得投资者活动的影响力更加显著。如果投资者集体表达他们的观点，那么企业也会受益，因为这意味着企业无须考虑来自不同方面的各种观点。

北欧可持续投资实战案例

芬兰斯道拉恩索公司在危机应对中将可持续发展确定为核心战略

背景信息

本案例内容基于对芬兰斯道拉恩索公司高级副总裁、投资者关系主管乌拉·派亚宁（Vlla Paajanen）的采访。此外，我们还使用了公共信息。派亚宁在斯道拉恩索公司有18年的投资者关系方面的工作经验。在此期间，她目睹了该企业在接受了严厉批评后，如何将可持续性纳入企业战略，并努力在可持续发展上成为其他企业标杆的过程。与此同时，派亚宁也见证了可持续投资走向主流的过程。

GES是一家可持续商业服务机构。该企业于2019年被Sustainalytics收购。本案例中"商业服务机构的视角"部分的内容由负责斯道拉恩索公司参与合作流程的Sustainalytics副总监斯蒂娜·尼尔森（Stina Nilsson）撰写。

Sustainalytics致力于帮助客户筛选公共信息，以识别可能违反国际规范（尤其是联合国《全球契约》原则和经合组织《跨国公司行为准则》）的严重行为或系统性行为。[①]

[①] Sustainalytics寻求有关严重侵犯人权（包括劳工权利）、严重环境破坏，以及涉及巨额资金或涉及高级管理人员腐败的信息。Sustainalytics有评估案例严重程度的详细标准。起初，与各企业的讨论主要集中在了解情况和企业所持观点上。如果这种情况持续下去，Sustainalytics会建议采取改进措施来解决这个问题。当案件涉及人权时，Sustainalytics会根据《联合国工商企业与人权指导原则》进行评估并提出建议。也就是说，Sustainalytics要求各企业尊重人权，履行尽职调查义务以降低人权风险，并采用赔偿程序来管理任何负面的人权影响。

当发现严重情况（事件）与特定企业相关时，Sustainalytics会与该企业进行对话。Sustainalytics使用的参与经营形式包括与企业会面、与投资者和企业进行圆桌讨论、现场访问、通过电子邮件进行后续对话等，比如与在供应链上发现了雇用童工问题[①]的37家企业进行积极对话。

自21世纪初以来，芬兰纸业巨头斯道拉恩索公司的可持续发展问题一直是公众争论的话题。该企业在巴西的土地使用上一度引发了讨论。然而，直到2014年被曝出在巴基斯坦的供应链上存在雇用童工的情况后，利益相关者才做出重大回应。2014—2017年，斯道拉恩索公司对其管理进行了重大变革，并加快实施了自20世纪90年代起实行的可持续发展措施。该企业开始以更加开放的姿态与外界进行交流，并将更重要的资源投入可持续发展中，将可持续发展作为企业的核心战略。图3-1描述了该企业存在的可持续发展问题、引发的公众关注以及实施的变革。

巴西土地纠纷的争议性宣传

斯道拉恩索公司与巴西纸张生产商阿拉克鲁斯公司（Aracruz）[②]合资成立了Veracel。该企业的经营用地是从巴西奥德布莱希特集团（Odebrecht）那里购买的。20世纪90年代，奥德布莱希特集团陆续购买了这些土地。这些土地原本是巴西东岸大西洋沿岸森林的一部分。为了修建从里约热内卢到亚马孙的高速公路，雨林中的植被遭到了砍伐。

[①] Sustainalytics在许多有关童工问题的讨论中积累了经验，目前这些问题已经得到解决。然而，并不是所有的童工案件都得到了报告，因此，GES也积极提出倡议，旨在解决农业（雇用童工最多的领域）供应链上的童工风险问题。

[②] 即后来的鹦鹉公司（Fibria）。

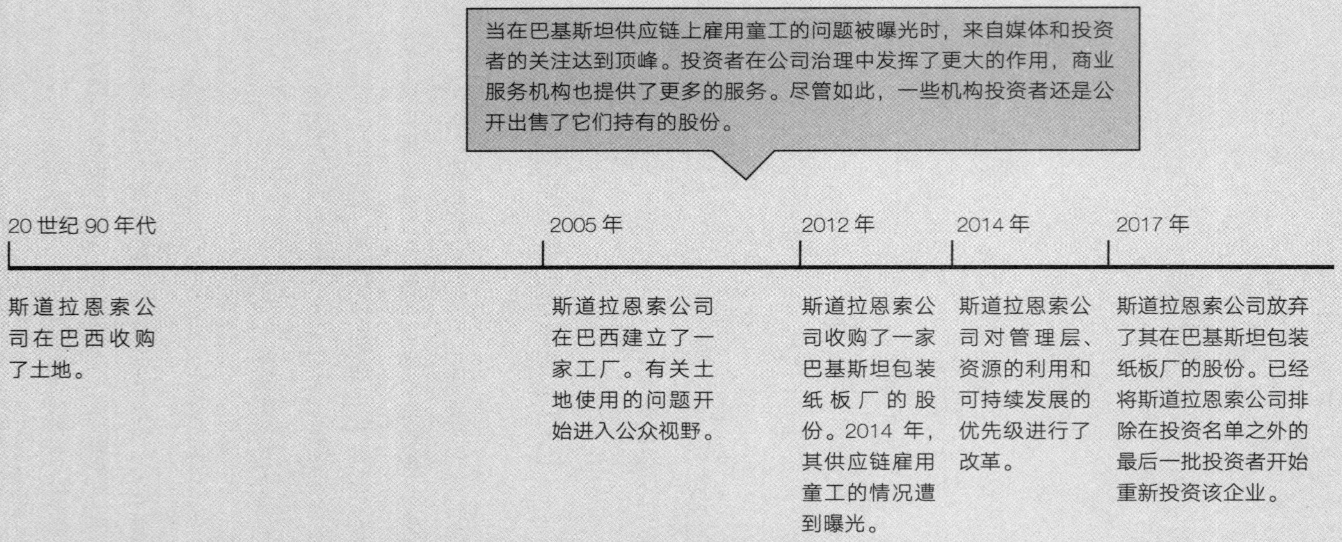

当在巴基斯坦供应链上雇用童工的问题被曝光时，来自媒体和投资者的关注达到顶峰。投资者在公司治理中发挥了更大的作用，商业服务机构也提供了更多的服务。尽管如此，一些机构投资者还是公开出售了它们持有的股份。

20世纪90年代	2005年	2012年	2014年	2017年
斯道拉恩索公司在巴西收购了土地。	斯道拉恩索公司在巴西建立了一家工厂。有关土地使用的问题开始进入公众视野。	斯道拉恩索公司收购了一家巴基斯坦包装纸板厂的股份。2014年，其供应链雇用童工的情况遭到曝光。	斯道拉恩索公司对管理层、资源的利用和可持续发展的优先级进行了改革。	斯道拉恩索公司放弃了其在巴基斯坦包装纸板厂的股份。已经将斯道拉恩索公司排除在投资名单之外的最后一批投资者开始重新投资该企业。

图3-1　斯道拉恩索公司的可持续发展时间线

同时，当地农民向北迁移，在雨林中开垦、放牧。然而，这片雨林并不适合养牛，农民最终卖掉了土地。Veracel 将一些土地变为植树园，又将另一些土地变回热带雨林，以提高植树园中的生物多样性。2004 年，这块土地上建起纸浆厂，不断增长的经济效益让自 21 世纪初以来的土地收购具备了更大的宣传价值。

然而，从斯道拉恩索公司的角度看，之所以会有这些宣传，是因为巴西存在与土地利用有关的社会问题和长期冲突。在巴西，侵占私有土地是一个由来已久的社会问题，它对采矿企业和农业企业等各类土地使用者都有一定影响。与之相对的是，无地工人的运动也非法侵占了 Veracel 的土地。为了寻求解决之道，Veracel 与工人运动的参与者进行了沟通，并支持该地区的土地共享倡议。该倡议包括为参加该倡议的无地工人运动保留一块 16 500 公顷的土地，以及为农业经营和扫盲活动等提供社会经济支持。

对此，一些没有土地的人感到不满，他们中的代表前往赫尔辛基，参加了斯道拉恩索公司的年度股东大会，并将这一问题公之于众。直到这时，投资者才注意到这个问题。

巴基斯坦分包商雇用童工案件将该企业推向争议的焦点

2012 年，斯道拉恩索公司收购了位于巴基斯坦的一家包装纸板厂 Bulleh Shah 的少量股权。该工厂所在地区因存在人权风险而被列为高风险地区，因此斯道拉恩索公司的包装部门聘用了一名内部可持续发展专家。他在为斯道拉恩索公司编写的人权风险报告中揭示了该工厂在供应链中存在雇用童工的风险。当媒体报道该报告时，巴基斯坦工厂的运营已经开始，其目的恰是在集中经营供应链之前确保工厂的可持续性。然而，还没来得及讨论这个问题，瑞典的一个电视频道就已经对这个问题进行了报道。

由于斯道拉恩索公司在某种程度上属于国有企业，所以争议变得更加激烈，甚至上升到国家政治层面，相关政府部门也被卷入其中。对此，斯道拉恩索公司立即采取纠正措施，叫停了供应链中雇用童工的相关环节的工作。在这之前，童工的工作是分拣废纸，这样做是为了在促进原材料回收的同时，让积攒的回收材料还可用于企业的自主生产。然而，这一环节对于业务经营来说并非必需的，叫停这一环节，该企业所需的原材料仍可以从其他渠道采购，这也提高了原材料的质量。

2015年，国际劳工组织和斯道拉恩索公司启动了政府和社会资本合作（PPP）模式，以规范斯道拉恩索公司的国际运营。这次合作的一个重要目标是消除斯道拉恩索公司在巴基斯坦的供应链上雇用童工的影响。为此，斯道拉恩索公司还为在供应链上工作过的童工建立了一所学校，并承诺资助该学校到2023年。尽管斯道拉恩索公司已经出售了其在巴基斯坦工厂里持有的股份，并已不再在巴基斯坦运营，但它仍打算按原计划继续资助该学校。该企业认为，资助该学校的做法是负责任的退出方式之一。除此之外，斯道拉恩索公司撤资的原因还包括海关法规方面出现的一些变化：巴基斯坦现在可以以较低的关税进口包装纸板。这使得竞争局势对斯道拉恩索公司更加不利，由于在巴基斯坦的包装纸板生产已无利可图，该企业也失去了在这个高风险市场区域继续经营的理由。

可持续发展已成为投资者争论的焦点：持续性对话和投资者访问

在巴西市场出现问题后，投资者纷纷向斯道拉恩索公司询问了有关纠正措施的开展情况。而当雇用童工的问题曝光后，投资者对该企业的关注更是达到了顶峰。

为消除投资者的疑虑，该企业组织股东赴巴西、巴基斯坦等地访问。参加访问的人大多数来自大股东的母国——芬兰和瑞典，还有一些来自挪威。在媒体争议出现后不久，该企业就组织股东前往巴基斯坦访问，给他们提供了一次近距离观察的机会，让他们了解现场工作进展和工作条件。派亚宁表示，投资者很赞赏这种提升透明度的举措，通过此次访问，他们了解了企业的更多情况。对于斯道拉恩索公司的管理层来说，这些访问也是一种学习经历，让他们有机会了解投资者关注的是哪些方面。

自 2006 年以来，斯道拉恩索公司已组织了约 10 次以可持续发展为重点的投资者访问之旅。此外，自 2013 年以来，该企业已举行了 6 场投资者圆桌会议，以进一步阐明情况和确定纠正措施。该企业还组织了几场线上演说来讨论可持续发展主题，并将其作为投资者常规沟通的一部分。

斯道拉恩索公司相关负责人表示，由于许多机构投资者使用的都是相同的商业服务机构，所以它们提出的问题高度一致。然而，投资者之间也存在差异。投资者对企业越了解，与企业互动越紧密，他们似乎就越能理解企业的经营策略。派亚宁表示，尽管有些投资者情绪高涨，但相较于其他国家的投资者来说，芬兰的机构投资者更务实、更理性，这一点尤其值得注意。派亚宁指出，芬兰的机构投资者特别想看到的是问题能在第一时间得到解决，事态能朝着有利的方向发展，风险管理在不断完善。

然而，即便是理性的芬兰机构投资者，它们向企业施加的压力有时也很明显。派亚宁表示："在这些投资者中，一定也有人对投资组合提出了质疑，并拒绝将资金投入他们认为有问题的业务中。毕竟，客户在媒体中看到了事情感性的一面。但有时，客户似乎也能对机构投资者抱有信心，他们能很好地进行对话。这将促使斯道拉恩索公司改变其风险管理方式，并继续进行符合道德标准的投资。"

个人投资者主要是在股东大会上向斯道拉恩索公司提出有关可持续发展的问题。这些问题的焦点在某种程度上与机构投资者有所不同，主要与个人层面有关。

可持续性商业服务机构开始进行积极对话

随着雇用童工案件的曝光，GES（现属 Sustainalytics）和 ISS ESG 这两家可持续商业服务机构与斯道拉恩索公司进行了积极的对话。据派亚宁介绍，这些商业服务机构没有直接向斯道拉恩索公司披露它们对其在可持续发展方面的评级，也没有直接给出建议。

派亚宁注意到，这两家机构之间存在一个明显的差异：其中一家机构在事实分析上花费了更多时间，且分析结果更为客观；而另一家机构则重点进行了媒体分析，他们更关注公众言论。

投资者提出的问题反映出他们使用了相同的商业服务机构

据派亚宁称，投资者向斯道拉恩索公司提出的问题比媒体和一些非政府组织提出的问题更加复杂，且投资者能够更加理性地看待问题的解决方式。派亚宁表示，投资者也明白，跨国企业可以按照可持续发展的方式经营，从而改善新兴市场的状况。

派亚宁指出，投资者提出的问题非常相似："这些问题是基于可持续性评级机构提供的指南而提出的。在我看来，这是如何密切监测个别企业的一个极佳例子。对于如何管理风险，如何组织和分配资源以使企业实现可持续发展，企业实际上采取了什么措施，如何审查供应链，以及为供应商制定了何种道德原则，投资者都要求有详细可行的解释。例如，直到今日，我们都在持续报告我们有多少供应商签署了《供应商行为准则》(*Supplier Code of Conduct*)。"

派亚宁强调，商业服务机构的观点始终是它们自己的，投资者也应形成自己的观点："有些投资者只使用一个评级，自己却不做任何研究，这是不对的。投资者不应只依赖于一家评级机构。相反，他们的风险评估应至少基于两种观点。"实际上，在投资者中，使用多个国际商业服务机构来评估是否违反国际准则的情况相当罕见。这是由于此类服务的成本较高。其实，在国际商业服务机构之外，投资者还可以通过研究各种信息，如其他企业的可持续性分析和目标企业提供的信息等，形成自己的观点。

投资者就自己关心的问题讨论得很激烈，当他们直言不讳时，也有人担心派亚宁在情感上能否接受。"人们多次试图告诉我，他们并没有针对我，投资者甚至会感到有些抱歉。"派亚宁说。

可持续性危机在 2014 年年度股东大会期间达到顶峰

斯道拉恩索公司的年度股东大会已经成为民间社会对话的论坛。有意在会上发表重要讲话的人只要拥有一股股票，就可以参加或者由其助理代表其参加会议。

派亚宁说："2014 年年度股东大会令人记忆犹新。首席执行官当天上午已经离职，但他却以理性、客观的态度主持了会议。年度股东大会上的讨论非常激烈。少数个人投资者的言辞颇为激烈，他们对企业代表提出了严厉指责。出席会议的还有非政府组织代表，他们询问了有关土地所有权的问题和森林问题。机构投资者代表的建议则更具建设性，他们询问了纠正措施。一些瑞典机构投资者代表也公开表示，投资者关系得到了良好的管理。首席执行官的报告也得到了赞赏，大家认为他披露的信息很具体，也很明了。"

斯道拉恩索公司的主要股东——芬兰国有控股公司 Solidium 和由三大瓦伦堡基金会所有的瑞典控股公司 FAM，在斯道拉恩索公司的年度股东大会上发表了它们的观点。Solidium 的首席执行官卡里·贾维宁（Kari Järvinen）表示，在斯道拉恩索公司向新兴市场拓展的过程中，这两家企业都强调了良好的企业社会责任管理的重要性。以上主要股东重申了它们对斯道拉恩索公司战略转型的支持，同时也强调了可持续发展作为关键竞争性因素的重要性。

向新兴市场的扩张伴随着巨大的责任。斯道拉恩索公司在印度、巴西、巴基斯坦、乌拉圭等新兴市场投资时，社会责任的履行比以往任何时刻都更为重要。一家企业要获得成功，需要与其业务所在国的当地社会建立起紧密的联系，且应将企业的经营视为各业务所在国的一种积极资源……Solidium 绝对不可能批准雇用童工。这也是有关主动所有权的一个关键问题所在。《世界人权宣言》和《国际劳工组织关于工作中的基本原则和权利宣言》是我们需要遵循的重要准则。斯道拉恩索公司也承诺会遵守这些重要准则。

作为长期投资者，我们希望斯道拉恩索公司能寻找到可持续发展的解决方案，并按照时间表解决巴基斯坦合资企业分包链上的童工问题，尽可能地确保涉案童工的福祉。我们还希望该企业能比以前更积极、更开放地向社会传达其经营计划和发展情况。目前，Solidium 和 FAM 正在研究，未来如何以所有者的身份为斯道拉恩索公司提供最好的支持……所有股东都应牢记，良好的企业社会责任管理是企业形成长期竞争力的一个关键指标。不久后，它将为所有股东创造价值。

由于可持续性原因，一些投资者出售了他们的股份

据派亚宁称，这次争议对斯道拉恩索公司的股价产生了影响，该影响在首席执行官离职当天便显现了出来。实际上，自 2014 年秋季以来，该企业股价就已开始持续下跌，一些可持续发展基金出售了它们手中所持的股份，但也有投资者想要购买该企业的股份。由于与斯道拉恩索公司密切合作的两家可持续性商业服务机构中的一家将该企业评级降至最差的风险类别，一些投资者早前就已出售了所持的股票，而另一些投资者在 2014 年晚些时候也抛售了自己手中持有的股票。

出售的方式不尽相同。一些投资者公开减持股票，他们通过新闻发布会宣布了自己的决定；另一些投资者则直接告知了斯道拉恩索公司有关出售其股票的事宜。例如，瑞典国家养老基金 AP7 于 2014 年末在其官网宣布，公司已出售了斯道拉恩索公司股票，并将该企业列入了黑名单。其他投资者直到开始再次投资斯道拉恩索公司后才宣布减持。例如，瑞典教会在 2017 年宣布可能再次投资斯道拉恩索公司。据派亚宁计算，宣布已全部抛售了斯道拉恩索公司或其可持续发展基金的投资者不超过 10 个。派亚宁说："了解斯道拉恩索公司的投资者都知道我们肯定会解决问题并改善管理。投资者基于投资对象来营销基金，名誉管理对他们来说很重要。但相信我们会有所作为，这一认识影响了他们出售斯道拉恩索公司股份的速度，以及各类经营者重新投资斯道拉恩索公司的速度。"

据派亚宁称，对企业影响最大的是宣传和名誉风险，而不是直接影响目标国经营状况的可持续性问题。

同样的因素也会影响投资者的评估。例如，在计算投资回报率时，与包装纸板有关的材料成本对于小单位的财务影响很小。

开诚布公的沟通和对可持续发展的坚定承诺是管理危机的关键所在

现在，派亚宁承认，2014 年，当斯道拉恩索公司将业务拓展到巴基斯坦时，该企业应将资源更好地分配到可持续发展之中。派亚宁表示，事后看来，该企业应在做出投资决策之前，在对外披露的关于收购的第一份新闻稿中就提及巴基斯坦的情况。因为当时已经获知巴基斯坦方面存在雇用童工风险的问题，由企业主动提前报告风险管理会好很多。

派亚宁表示，以下关键动作帮助斯道拉恩索公司摆脱了危机，同时也对局势的发展产生了重要影响。

1. 公开而主动地沟通

随着与投资者的对话越来越多,斯道拉恩索公司希望尽可能做到公开透明,提前向投资者提供相关信息。该企业自 2014 年第二季度起将可持续发展问题纳入中期报告中,同时还做到尽可能有效、准确地回答为投资者提供服务的商业机构提出的问题。

2. 加大资源配置和可持续发展在企业管理中不断增长的权重

2014 年,可持续发展团队还只是沟通部门中的一部分。然而,由于这场危机的出现,该企业实施了一系列组织变革:它组建了一个单独的企业责任部门,并设立了推动企业实现可持续发展的执行副总裁职位,这位副总裁是集团领导团队的成员,在处理类似问题上经验丰富。除了为可持续发展团队配置更多资源,该企业还为每个部门安排了一名可持续发展总监。派亚宁强调了聘用能力强、积极性高的员工的重要性,因为可持续发展很大程度上取决于人们在做什么。早些时候,企业董事会就建立了可持续发展和道德委员会,以监督和引导可持续发展工作的推进。

3. 全面开展人权研究,并就纠正措施给予意见

斯道拉恩索公司与丹麦人权研究所合作开展了一项关于风险的研究。据该研究所称,这项研究比之前任何跨国企业开展的研究都更全面。研究完成后,该企业向投资者公开分享了主要研究成果,撰写的报告明确了很多需要纠正的问题。为解决这些问题,研究双方制订了相关计划后,该企业立即开始实施。除此之外,斯道拉恩索公司还制定并发布了新的人权原则,并与国际劳工组织就这些原则展开了广泛合作。

该企业发布的新风险预警不再引起类似的争议,这意味着有关巴基斯坦案

件的投资者沟通和媒体关注达到了顶峰。

4. 进一步开发评估可持续性风险的流程

为了防止类似风险再次发生，斯道拉恩索公司进一步规定了做出投资决策之前评估风险的流程（即尽职调查流程）。如今，对于具体化风险的评估更加准确，而预期投资也因可持续性风险的存在而遭到摒弃。

重获投资者的信任需要时间和努力

据派亚宁称，媒体和非政府组织的介入给公众留下了一种印象，即斯道拉恩索公司在可持续发展问题上无所作为。该企业必须帮助投资者纠正这种误解。一系列努力之下，投资者开始陆续地再次投资斯道拉恩索公司，投资期限为1~3年，依投资者的情况而定。最后一批投资者于2017年末返回，当时该企业已经剥离了巴基斯坦的业务。

> 当我们对外披露我们所做的改进时，我们开始收到投资者发来的消息，称他们已经获得批准，可以再次全资投入斯道拉恩索公司。眼见我们的工作有了效果，那感觉很棒。可持续性商业服务机构也不再以咄咄逼人的态度与我们对话，其中一家机构早在2016年就宣布将撤掉斯道拉恩索公司的高风险评级，另一家机构于2017年宣布将撤掉斯道拉恩索公司的高风险评级。此外，我们还收到了开放性互动的积极反馈。

投资者支持企业在可持续发展方面的转型

虽然企业的改革是根据董事会和管理层提出的指导方针进行的，但派亚宁认为，寻求投资者的反馈并听取其意见在这一过程中同样重要。投资者为企业的改革做出了贡献，他们用专业知识为企业提供了必要的帮助。

此次争议发生后，我们特别注意在商业运作方面更好地推进可持续发展工作。如今，斯道拉恩索公司努力将可持续性作为优先考虑因素。我们有一个良好的核心：可再生的原材料。同时，我们需要根据可持续发展的原则来管理我们的业务。

派亚宁认为，对于投资者而言，消息灵通是很重要的，因为这样他们就能够在各企业之间分享最佳做法。尤其是，持有斯道拉恩索公司大量股份的投资者表示有兴趣将其作为投资对象来了解。多面手（即监测大量企业和主题的专家）似乎很少有时间来研究个别投资对象。因此，他们需要更多地依赖外部资源，而这些资源往往过于笼统。

与投资者的对话已呈常态化

当媒体对于该企业在可持续发展方面的争论达到顶峰时，斯道拉恩索公司不得不对一些公开发表的言论做出回应。汲取这一教训后，该企业现在正试图将所有可用信息提前发布，要么发布在企业官网上，要么发布在中期报告中，这样就可以降低新闻价值。派亚宁指出："如今，开放性越来越重要了。"

可持续发展方面的交流已成为企业日常的投资者关系工作中的一部分。每年在发布可持续发展报告之后，斯道拉恩索公司都会为投资者组织一次可持续发展在线演示。该企业还为投资者举办了 ESG 会议及以 ESG 为主题的路演，并在路演期间会见了多个国家的主要投资者。斯道拉恩索公司还更新了可持续发展报告，使其更加清晰、简洁和透明。2015 年，斯道拉恩索公司凭借这项可持续发展报告在芬兰获得了一个国家级奖项。授予其该奖项的原因之一是，斯道拉恩索公司成功管理了可持续发展危机以及通过报告的方式传达了企业在可持续发展方面所做的努力。

派亚宁表示，斯道拉恩索公司不再收到投资者有关旧案的问询。现在，企业已能更独立地推进可持续发展议程，同时持续开展与气候变化、利益相关者对话和人权有关的工作。股东大会也恢复了正常进程，争论逐渐平息。2017年，在年度股东大会上投资者没有就可持续发展提出任何问题。与 2014 年相比，2018 年的年度股东大会提前一小时结束，该企业终于从可持续发展危机的困境中走了出来。派亚宁并不担心类似事件会再度发生，因为该企业现在的境况已经转好。我们正努力促进可持续发展，努力拥有更好的资源，这样我们就能更好地应对未来的挑战。然而，我们必须谨记，当争议发生时，人们对纸张的需求就会大幅下降。我们会加大投资，将斯道拉恩索公司转变为一家可再生原材料企业。我们有许多工作要做。现在，主要投资已经完成，我们可以根据当前的情况规划业务结构和推进流程。

如今，投资者对有关斯道拉恩索公司可持续发展的投资机会越来越感兴趣。例如，他们想知道该企业什么时候会将生物塑料引入市场。从可持续管理的森林中采购原材料也是一个被持续讨论的重要话题。斯道拉恩索公司参与了新型的绿色融资，其贷款价格受温室气体排放目标实现情况的影响。该企业还建立了绿色融资框架，并于 2019 年 2 月发行了首批绿色债券。可持续发展日渐成为该企业日常经营的一部分。派亚宁认为，既然塑料正被其他材料所取代，那么，人们在该企业身上看到的应是积极风险而不是消极风险。在该企业看来，今天基于化石燃料制造的东西，明天可以用木材制造。斯道拉恩索公司将自己视为一家可再生原材料企业，可持续发展是它的核心战略。

> 可持续发展主题比以往更受重视。它们已然成了投资的主流，从主流投资者对企业的提问中时常能听到这一话题。2002 年，我刚加入斯道拉恩索公司时，投资者只有独立的可持续发展部门和基金。但金融危机过后，情况开始逐渐发生变化。在我看来，企业应将可持续发展作为战略核心，而不是与投资分离开来。

商业服务机构的视角：
Sustainalytics 代表投资者与斯道拉恩索公司进行了合作

斯道拉恩索公司案例严重违反了国际规范。作为投资者的商业服务机构，GES 在应对这一问题时，通常会与投资对象进行深入的对话，并邀请投资者参与其中。斯道拉恩索公司对于此类对话持开放的态度。Sustainalytics 的客户群中有许多北欧的机构投资者，邀请它们参加，虽然很可能使对话过程变得异常紧张，但在寻求解决眼下问题的方法上，它们的存在将使解决方案变得更加集中和有效。

在此类问题的介入上，对 Sustainalytics 来说，最终目标不仅是要帮助投资对象找到解决实际问题（如斯道拉恩索公司在巴基斯坦遇到的问题）的方法，还要帮助其采取积极措施防止类似情况再次发生，这是非常重要的。这样一来，该企业就会降低未来风险，对投资者形成更大的吸引力。介入斯道拉恩索公司在巴基斯坦的问题表明，我们希望该企业能做好供应链的审查工作，企业雇用童工的问题最终能得到妥善解决（斯道拉恩索公司通过让童工回到学校的方式解决了这个问题），而后进行人权评估，向社会透明地报告与所识别风险相关的结果和将采取的缓解措施（斯道拉恩索公司做到了这一点）。

我们也希望，斯道拉恩索公司的管理层能做出对人权尽职调查的承诺，特别是在进入新的高风险市场时会做好充分准备。该企业对高级管理层进行了数次调整，在人权领域也进行了改进（由高级管理层引导和支持）。我们由此得出结论：该企业满足了我们的相关期待。

在任何时候，我们都愿意向企业提供我们的评估结果。当我们最初联系一家企业时，我们会告知这家企业可持续分析的作用和未来可能进行的对话。在这个过程中不会产生评级。我们对研究阶段和参与合作阶段进行了区分。在研究阶段，我们收集信息，以了解当时的情况和企业采取的措施；在参与合作阶

第 3 章
通过主动所有权投资法施加影响

段,由于我们已经充分地了解了情况,因而此时会专注于提供改进建议。如果我们有可靠的信息来源能证实指控,我们也可以确认涉案企业违反了国际准则。我们会将这些信息告知客户,但这并不代表我们建议客户从该企业撤资。恰恰相反,我们几乎一直与投资对象合作,直到问题得到解决。

将一家企业从投资名单中排除的决定始终由投资者做出,而不是由 Sustainalytics 做出。只有在极少数情况下,比如,当投资对象没有做出回应,或者在解决问题方面没有进展或进展缓慢时,我们才会停止合作,并告知我们的客户和投资对象。在这种情况下,我们的许多客户很可能会撤资。在某些特殊的情况下,我们的一些客户可能会在对话进行中撤资,但我们不建议这样做。在斯道拉恩索公司的案例中,我们与该企业接触,直到我们评估该企业的做法令人满意为止。我们很欣慰地看到,斯道拉恩索公司对巴基斯坦问题做出了集中且相对快速的回应。我们鼓励该企业继续与投资者进行公开的建设性对话。

SUSTAINABLE INVESTING
作者解读

可持续发展风险的发生不符合企业或投资者的利益——没有人希望自己陷入媒体笔下的争议之中。负面影响事关声誉,甚至事关商业机会或财务利润。解决危机需要时间,也需要双方做出大量额外的努力。斯道拉恩索公司的案例表明,企业应事先排查潜在的可持续性风险。如果潜在的风险发生了,企业必须立即解决问题,公开地向外界告知风险,并与利益相关者建立合作。各企业必须有明确的指示和行动计划,并配备训练有素的员工,以应对任何可能发生的重大可持续发展风险。

本案例还表明，投资者的反应和要求对由企业实施的纠正措施来说意义重大。但是，投资者还应提前分析投资对象的风险管理能力和手段，并询问管理层对防范任何可持续性风险的发生做了哪些准备。如果信息不公开，那么这种应对方式可能会被公众误解，公众会认为这些答复没有体现出企业管理层对这个问题应有的重视。

|北欧可持续投资实战案例|
挪威 KLP 集团与丹麦马士基集团就负责任船舶回收进行合作

背景信息

　　KLP 集团是挪威最大的人寿保险公司。它为市政当局、县当局、医疗保健公司以及公共和私营部门企业提供养老金、金融和保险服务。KLP 管理着总计约为 750 亿欧元的资产。KLP 对丹麦航运巨头马士基集团(以下简称"马士基")的投资是其被动股权投资、固定收益及对冲基金的一部分,投资金额总计约 900 万欧元。虽然 KLP 也与其他商业服务机构进行一些合作,但马士基是 KLP 的重要合作伙伴之一。

　　本案例内容基于对 KLP 集团负责任投资顾问马特·西丽·斯托雷克(Marte Siri Storaker)的采访及由其提供的信息、KLP 委托编写的船舶回收报告以及一些公开信息。"企业观点"部分的内容由马士基副总裁、船舶技术主管奥利·格拉·雅各布森(Ole Graa Jakobsen)提供,时任马士基可持续发展战略部主管的约翰·科内鲁普·邦(John Kornerup Bang)也提供了资料。

　　"船舶拆解因其高风险的伤亡事故而被称为世界上最危险的工作。航运业是挪威最大的产业之一,而 KLP 是挪威最大的机构投资者之一。因此,与航运企业合作以减少船舶拆解的负面影响,对我们来说非常重要。"斯托雷克表示。

2014 年，KLP 首次就船舶拆解业务与在奥斯陆证券交易所上市的企业或其他挪威企业进行讨论。[①] 在此之前，没有多少投资者会关注挪威或其他地区的船舶回收业务。KLP 从非政府组织处获得了有关船舶拆解的消息，与此同时，有新闻报道称，挪威船主将把船只送往亚洲海滩。

2016 年，马士基成为 KLP 的关注焦点。当时，有新闻报道称，该企业开始在印度海滩上拆解船舶。

船主使用抢滩的方法获得更高报酬

为了更深入地了解船舶回收业务，KLP 于 2015 年委托国际法律与政治研究所（ILPI）撰写了一份报告。该报告集中讨论了南亚海滩上涉及船舶拆解的行为规范和法律框架。该报告对抢滩做出如下定义：

> 抢滩是指船只"在春潮时驶上潮滩"，驶入装有大型验潮仪的地点。关于拆船，还没有明确的定义，挪威船东协会将其定义为在不使用固定装置来收集和处理危险废弃物和污染废弃物情况下拆卸船只。

当船只被拆卸后，航运企业将不再拥有这些船只。当一艘船到达其生命周期的尽头时，它将被卖给现金买主，即专门从事购买这类船只、而后将其出售给拆船厂的企业。购买船只业务的前提是船只仍然含有铁等有价值的原材料。一家企业回收的船只价格取决于两个方面：船只的钢含量（钢可用于回收和出售）和拆船成本。

---

① 拆船是几家大型航运企业都会采用的做法。在 KLP 看来，与航运企业讨论拆船政策问题是值得的。KLP 追踪了向南亚海滩派送船舶的控股公司，并与其沟通了有关出售船舶进行拆卸的政策事宜。这是因为，KLP 认为这些企业存在违背 KLP 在人权和环境破坏上的可持续投资指导原则的风险。

第 3 章
通过主动所有权投资法施加影响

抢滩是最廉价的拆船办法。由现金买主支付的船只价格反映了一个事实：船东回收的船只价格可能在 300 万～700 万美元不等，这取决于是否使用更安全、更可持续的方式来进行抢滩或拆船，比如使用干船坞方法。①

马士基决定在印度回收船舶

自 2016 年起，马士基开始将船舶送往印度进行拆解。斯托雷克回忆了当时的情景：

> 马士基过去常将船舶派往中国和土耳其的回收船厂，但 2016 年，马士基开始将船舶派往印度阿朗港进行抢滩。2016 年，新闻还报道了另外两起有关马士基报废船舶的案例。第一个案例讲的是一家合资企业的一艘船被送往孟加拉国拆解。第二个案例讲的是马士基租船合同中的合同语言，该合同鼓励利润最大化，即在低于标准的船厂回收船舶。至于船舶拆解过程的标准，合同中并没有提及。
>
> 印度阿朗港和孟加拉国的吉大港地区（希塔昆达沿海地带）是世界上最大的拆船场。这两个地区雇用的大多是当地的移民工人。2014 年，约有 4 万名来自孟加拉国西北部的工人在吉大港地区工作。在阿朗港，约有 3.5 万名来自印度其他地区的移民工人直接在船厂工作，还有一些工人通过相关行业以间接的方式在船厂工作。1983—2013 年，共有 6 318 艘船只在阿朗港抢滩和拆解。
>
> 由于健康、安全和环境等方面的风险水平较高，抢滩的做法遭到广泛批

---

① 由 KLP 委托撰写的 ILPI 报告还描述了一些更好的拆解方法："使用干船坞方法（也称'入坞'或'干船坞回收'），是将船只驶入船坞中，将水抽干，然后一片一片地拆解。拆墩（也称'沿码头'或'自上而下'法），是指将船只沿码头固定，用起重机从船只顶部进行拆解。船台回收（也称'靠岸'），是指将船只靠着几乎没有潮汐的岸边航行，然后使用移动式起重机从岸边或驳船上拆卸船只。"

评。根据 KLP 委托编写的报告（该报告描述了截至 2015 年的情况），阿朗港面临着如下挑战：

- **事故频发，缺乏安全措施。**1983—2013 年，阿朗港约有 470 名工人死于事故。印度拆船厂的死亡率较印度采矿业的死亡率高出 6 倍左右。
- **生活条件低于一般标准。**工人们住在船厂里面或附近的棚屋里，缺乏基本设施，如清洁水、卫生设施、电力、排污系统、学校和幼儿园、救护车和能够处理潜在致命事故的医院。
- **船舶拆解会影响工作现场周边的海洋生态系统。**在拆船厂附近，一些鱼类已经完全消失，阿朗港海滩的鱼类数量也在减少。

根据 KLP 委托撰写的报告，印度有些拆船厂的条件已经有所改善，有些拆船厂已经收到符合国际规范的声明。此外，当地正在建设一个拆船工人培训中心。

"即使在今天，阿朗港也还是一个不允许非政府组织代表或记者进入的封闭区域，这与世界上其他许多拆船地的情况类似。但如果查看阿朗港的卫星地图，你会发现，海滩上沿着海岸线排满了船只。"斯托雷克说道。

薄弱的国际监管使船舶拆解在低于标准的条件下进行成为可能

过去，很难有国际标准能对船舶回收形成有效约束。随着该行业从高度监管的发达国家转移到监管和执法体系薄弱的国家，人们对建立国际监管体系，从而确保人权和保护环境的呼声越来越高。

目前，由于船舶被视为危险废料，适用于船舶回收的唯一国际法规是《控制危险废料越境转移及其处置巴塞尔公约》（以下简称《公约》）。然而，《公约》的制定并非为了监管具体的船舶拆解问题，因此也就无法解决相关问题。

1995年，《公约》缔约方同意加入一项禁止向未列入清单的国家出口船只以供最终处置的法令，但这份修正案并未生效实施。

2009年，国际海事组织通过了《2009年香港国际安全与无害环境化拆船公约》(以下简称《香港公约》)，但并未生效实行。根据这一公约，即将被送往回收的船只，每艘船上应携带专门的危险材料清单。与此同时，该公约因没有禁止抢滩做法而受到批评。

欧洲已经制定了实施这些公约的法规，并协助开发了一个船舶回收行业的欧洲控制系统。然而，公约的实施情况并不尽如人意。虽然欧盟禁止出口报废船只到非经合组织国家进行回收，但航运企业仍能在船只出售、拆卸之前，通过置换船旗国将船只驶向经合组织水域之外(如引入摩洛哥)来规避这一问题。另外，据估计，经合组织国家的回收能力不足。

斯托雷克解释了该行业所处的困境，在当前的监管环境下，航运企业可以自愿决定是否以可持续的方法处置船只。

> 目前，很难通过法律监管航运业，因为这是一项国际业务，而且如果将船舶出售给南亚或土耳其，所能获得的价格差异是巨大的。我们认为，要想办法与这些航运企业沟通，使其明白从长远来看，这不是一种可行的拆船方式，这一点真的很重要。

消息传出后，KLP开始调查马士基的情况

当马士基将船只派往印度阿朗港进行拆解时，KLP开始介入。对KLP来说，重要的是了解该企业为什么决定这样做，以及它使用了何种机制来管理对环境和人权造成不良影响的风险。

KLP 的负责任投资团队通过企业、媒体、非政府组织、商业服务机构以及其他利益相关者等信息来源来调查此案。在对信息进行初步评估后，KLP 联系了该企业。斯托雷克解释说："对我们来说，最重要的是基于评估的信息与该企业进行对话，了解和讨论发生的情况。"

斯托雷克说明了 KLP 决定通过其内部负责任投资团队直接与马士基合作的原因：

当我们决定与该企业合作时，似乎没有人将这个问题提上日程。与此同时，KLP 已经有了从事船舶回收的经验。马士基是航运业最大的企业之一，也是可持续发展方面的行业领军者。挪威的许多小企业都以马士基为榜样，纷纷效仿其做法。基于这些原因，KLP 与马士基的合作变得非常重要。

KLP 希望马士基在船舶回收实践方面更加透明

马士基在官网上解释了企业决定将船只派往印度阿朗港的海滩上进行拆解的原因：

2016 年，马士基基于两方面的考虑，决定将船只派往印度阿朗港的选定船厂进行拆解。首先，也是最重要的一点是，阿朗港的一些领先船厂已经开始升级设施和改进做法，使其符合马士基对安全、人权和环境的标准。其次，虽然自 2009 年以来，马士基一直在使用自己的自愿标准，这意味着每次送船只回收时都要放弃利益，但事实证明，这项标准在推动解决这一行业问题上并不奏效。

从 KLP 的角度来看，比起其他同行，与马士基合作的起点看起来更高，因为马士基已经接受了它在船舶拆解过程中的责任。同时，该企业还制定了一项政策，要求在回收之前、期间和之后对船厂进行检查，且马士基的员工必须在现场监督。这些要求在与买方（包括现金买主）的合同中都有规定。

KLP 启动了这项合作，旨在鼓励该企业就其在阿朗港所经历的困难和进展进行更透明的外部沟通。斯托雷克解释说："投资者很难评估印度现场的实际情况，所以马士基有责任证明自己在阿朗港进行船舶拆解是可行的。"

KLP 在 2016—2020 年取得的进展

自 2016 年起，KLP 与马士基进行了数次对话。KLP 还向管理层致信，说明了船舶回收的做法以及出售即将报废的船只的政策。在整个过程中，KLP 还与许多利益相关者进行了讨论，包括挪威船东协会以及一些非政府组织。KLP 对马士基的关注来自以下几个方面：

- **非政府组织**（如非政府组织拆船平台）已将这个问题提上日程。KLP 已经与这些组织进行了数次讨论，但并没有受到来自马士基撤资的压力。
- **一些投资者和商业服务机构**已经与马士基取得联系，有些已经与 KLP 展开合作。例如，2017 年，KLP 主办了一次研讨会，荷兰银行邀请斯堪的纳维亚银行加入负责任船舶回收标准（RSRS）倡议。
- 2016 年，**丹麦反对党**呼吁政府叫停马士基的抢滩做法。

斯托雷克解释了利益相关者采取的各种行为所产生的影响：

> 其直接影响是难以衡量的。我相信并希望，来自投资者、媒体和非政府组织的共同压力能使马士基保持警惕，使其知道印度船厂的容错率很低。

在2018年10月的首次采访中，KLP对它与马士基的对话相对满意。斯托雷克说："从我们的角度来看，马士基一直愿意合作，并已采取了积极措施，比如出台了一项新政策来限制船舶回收中可能带来风险的不可持续行为。此外，该企业已经开始在它的可持续发展报告中报告船厂的活动，如审查期间的调查结果以及有关船厂的一般信息。"

马士基的新政策收紧了船舶回收中不可持续的风险。这项政策包含新的合同条款，这些条款是基于船只出售时的价格制定的。根据马士基的公开报道：

- 如果船只价格较低（低于最高回收价格的25%），马士基将不会撤资，而是会根据其标准回收船只。
- 如果船只价格较高（比最高回收价格高出25%～40%），则新船东应再运营该船只两年，或根据马士基的标准回收该船只。如果该船只已在他人名下运营24个月以上，则马士基不再承担这一延伸责任。
- 如果船只价格很高（比最高回收价格高40%），则船只可以不受限制地转售，因为这时买家没有回收船只的经济动机。

2020年，KLP因5家拆船企业在孟加拉国和巴基斯坦的低标准船坞拆解船只而将其排除在外。[1] 马士基不在被排除的企业之列，因为KLP将马士基视为航运业最透明的企业之一，并认为它做了大量工作以确保船厂尊重人权。斯托雷克还认为，马士基可能对印度的现场条件做出了积极贡献。然而，究竟能否在该地区以负责任的方式进行船舶拆解，这一问题仍然有待检验。

---

[1] 被排除的企业有长荣海运股份有限公司（Evergreen Marine Corporation Ltd.）、大韩海运株式会社（Korea Line Corporation）、珍宝航运公司（Precious Shipping PCL）、泰国泰伦森集团公司（Thoresen Thai Agencies PCL）和北欧美国油轮公司（Nordic American Tankers）。

第 3 章
通过主动所有权投资法施加影响

斯托雷克认为与马士基合作的效果一般，并得出结论：

> 理想状态下，马士基将不会批准使用印度船厂。2016 年，马士基迈出了重要的一步，它出台了船舶销售政策，并开始报告进展。KLP 希望看到，未来阿朗港船厂的运营会变得更加透明。

KLP 搁置与马士基的合作，等待欧盟法规的变化

2018 年，KLP 搁置了与马士基的合作，因为它正在等待 2019 年生效的《欧盟船舶回收条例》的结果。根据该条例，在欧盟成员国境内注册的商业船只只能使用欧盟批准的安全可靠的设施进行回收。然而，各企业仍然可以避免执行欧盟法规，方法就是在船上使用非欧盟国家的国旗，以示船只是在欧盟以外注册的。

斯托雷克解释了这一变化的重要之处："当申请得到处理后，印度船厂是否拥有可接受的标准，与人权和环境有关的风险是否能得到妥善管理，这些问题将变得更加明朗。"

许多印度船厂已经申请加入欧盟船舶回收设施清单，但在 2020 年 11 月作者对其进行采访时尚未被列入。欧盟方面已经对提交了申请的船厂进行了现场检查，但这些船厂当时还不符合技术标准。检查后，船厂方面收到了关于需要采取哪些措施才能被纳入清单的反馈。有关现场检查的信息可以在欧盟网站上查阅。KLP 一直在与欧盟的顾问之一 DNV GL 公司进行对话，而后进行现场检查，以进一步加深它们对印度船舶回收市场的掌握情况。

针对印度船厂迟迟未获批一事，KLP 已经与马士基进行了后续沟通。然而，批准程序尚在进行中，因为船厂有机会纠正自身的不足，并重新申请加入清单。

斯托雷克表示："对我们来说，重要的是了解马士基将如何遵守欧盟清单，

因为它之前已经宣布,可能会忽略这份清单。如果马士基现在使用的船厂没有得到欧盟的批准,那么 KLP 将与马士基展开对话,以了解这将引发哪些与它的拆船政策有关的流程。"

KLP 参观阿朗港

2019 年,KLP 得以参观阿朗港。KLP 的代表带领了一位负责任船舶回收顾问共同参观了几个船厂。斯托雷克说:"这次参观使我们对印度的发展情况有了一个清晰的认识。我们很欣慰地看到,市场对于负责任船舶回收的需求是真实的,从事负责任船舶回收的企业,如马士基、Stolt-Nielsen、Transocean 等,它们的船厂都提高了标准。这种合作对于投资者、各企业以及实地标准的提高,都有着积极的促进作用。遗憾的是,印度的标准差异巨大。海滩上并行排列着努力改进设施的船厂,然而,船厂的标准很低。很少有船厂采用了这些改进后的标准,在负责任地推进船舶回收方面,大多数船厂都还有很长的路要走。因此,KLP 仍在继续与印度、巴基斯坦和孟加拉国的拆船船东进行对话,询问有关政策、惯例、使用的船厂、持续监督的结果等有关情况。"

KLP 认为船舶拆解主要是道德问题

斯托雷克分析说,从投资者的角度来看,该企业通过向印度出售船只赚取更多利润,但在这个过程中不得不付出更多成本来考虑可持续性因素。虽然这种做法本身并不一定会对收益产生负面影响,但它增加了与企业有关的风险。

对 KLP 来说,船舶拆解工作面临的主要是道德问题,因此,它还没有仔细评估可能涉及的经费问题。斯托雷克解释说,即便如此,这一做法还是会产生一些影响。

尽管从短期来看,有些东西看似能帮助企业赚取更多的利润,但从长远来看，未必如此。法律法规终将涉及抢滩作业等问题，企业将不得不采用更高的标准。此外，KLP 总部位于丹麦，它依靠吸引来的客户和优秀员工创造利润。在一个越来越关注企业社会影响力的社会里，抢滩的做法可能很快就会被视为不可忍受的行为。

不过，KLP 并不认为马士基可能因其船只的买主所造成的环境破坏而承担法律责任。斯托雷克强调：

> 马士基是众多将船只送往海滩的企业之一。很难把这些企业一一列出来。这里存在的问题是，由于这些法律法规不是国际性的，因此航运企业可以很容易地加以规避。然而，在欧洲，有些企业因出售船只给印度、巴基斯坦或孟加拉国而遭到起诉。在挪威，有一艘名为哈里特的船只被告上法庭。这艘船只在挪威时发生了引擎故障，必须进行营救。在船上，人们发现了一些文件，该文件表明，这艘船早在巴基斯坦时就已被出售报废，并不像船东报告的那样，是在送去修理的途中。根据《巴塞尔公约》，船舶一旦被视为危险废弃物，就不得再以这种方式出口到经合组织以外的地区。荷兰也发生过一起类似的案件。

企业观点：马士基正与回收码头合作制定可持续惯例

马士基非常认真地对待自己肩负的船舶责任。自 2009 年以来，我们已经制定了一项负责任船舶回收政策，它基于而又超越了《香港公约》，且符合欧盟法规的要求。它涉及所有相关的劳工和人权、反腐败和社会治理，以及下游废弃物管理等问题，不允许潮差范围内的区域与主要采伐的区域相接触，因为这些区域可能是多种生物物种（如海星、海胆和珊瑚）的栖息地。如果孟加拉国、巴基斯坦和印度的不达标船厂允许自己从船舶的甲板上切割板块，那么此举就会导致该区域遭受污染。在全球的报废船舶总吨位中，约有 90% 的部分是在不达标的条件下回收的，且主要在南亚地区进行。

抢滩做法的资本密集度较低，但价格更高，因为它采用了一种高效的循环经济模式，使得约 98% 的船舶以某种方式得到再利用，因此船舶回收的价格较高。这是造成价格差异的一部分原因，但只是次要部分。造成价格差异的真正原因是这些国家的国内市场对废钢的内在需求。在这些国家，将材料送到客户手中几乎不需要支付最后一英里[①]的成本。这一点很重要，因为最后一英里的交付往往很复杂，这是迄今为止该过程中最昂贵的部分。在印度和孟加拉国，你可以利用二手钢材赚很多钱，因此那里 98% 以上的废弃船舶都被重新利用了。理解了这一点，对于理解为什么这些行业会在这些地方经营，以及为什么它们很难迁移非常重要。实际上，世界上几乎没有船舶是在干船坞中拆解的。在土耳其，船舶也直接停靠在海岸上，主要在开阔水域中进行拆解。

多年来，我们一直无法在南亚找到符合我们标准的合作伙伴。这显然是航运供应链上表现最差的方面之一，但几十年来，这一状况始终没有得到任何改善。5 年前，许多印度船厂（特别是在日本政府的推动下）开始改进做法，获得了符合《香港公约》的声明。我们让英国劳埃德船级社（Lloyd's Register）对船厂进行审查，并开始与其中几家船厂合作，帮助其弥补不足，以符合我们的标准，从而达到我们在土耳其保持的同等质量水平。我们希望，这将促进其他船厂的投资和升级，其他船东也会效仿我们的做法，在阿朗港营造出一个不断发展完善的局面。

虽然过去的几十年毫无进展，但近年来的改进举措，其结果超出了我们的预期。当我们在阿朗港拆船时，我们总是派自己的员工来监督整个过程，我们有权随时叫停工作，而且我们有劳埃德船级社和 Elevate 来进行独立审查。目前，帮助我们负责任地回收船舶的两家船厂，已经达到了与土耳其船厂相同的水平，我们合作的其他 10 家船厂也在进行同样的工作。我们看到，各船厂在价格和质量上展开了竞争。在大约 120 家船厂中，有 80 多家持有符合《香港

[①] 1 英里 ≈ 1.6 公里。——编者注

公约》的声明，其他船厂也在升级过程中。为了落实我们帮助阿朗港实现更全面发展的承诺，在过去的两年中，我们通过当地的合作伙伴，在该地区经营了一个旨在解决医疗水平差距的流动医疗单位，以及一个旨在通过增强意识来降低健康风险的培训项目。我们接受了比不负责任的替代方案更低的价格，并在现场创建了一个具体做法的模型。我们认为，我们通过这些做法推动了这一势头的发展，并创建了一个可行的负责任替代方案，从而显著提升了在可控范围之外的影响力。

展望未来，我们将继续实践与行业利益相关者合作的承诺，支持全球船厂实现符合《欧盟船舶回收条例》的可持续解决方案，从而增加欧盟清单上的企业的实际数量。

SUSTAINABLE INVESTING
作者解读

基于这一案例，我们得出结论：即便投资者的主要目标不是经济利益，他们仍然可以处理自己认为不道德的活动和业务。负责任的船舶拆解和回收做法往往会增加成本，但只有避免可能出现的可持续发展风险，才能更好地获得经济利益。KLP的案例表明，投资者可以要求各企业改变其被认为是不可接受的业务做法，并与其他相关方合作，从而影响与船舶拆解有关的环境、健康和安全程序以及相关培训。

马士基的经验表明，解决复杂的可持续发展问题，应利用企业与供应商的关系并深入实地开展工作。企业与投资者的目标可能是一致的。但对于投资者来说，足够的透明度也是至关重要的，投资者希望其投资得到合理的保障，使业务经营达到可持续发展的要求。

SUSTAINABLE INVESTING

Beating the Market with ESG

第三部分

北欧投资者如何通过可持续性
来评估企业的投资价值

第 4 章
如何进行可持续性分析

投资者在对一家企业进行评估时通常会考虑与可持续性因素相关的风险和机遇。这通常被称为将可持续性分析纳入投资决策。其目的是在更可控的风险下获得更好的回报（即提高风险回报比）以及管理好投资者的声誉。

实际上，这意味着不同企业的回报潜力可能是相同的，但有些企业会面临更高的可持续性风险。换句话说，如果投资者能够找到一种回报相似但风险更低的投资，他们就能从中受益。

可持续性分析流程如图 4-1 所示。该图包含了可持续性分析过程中的关键阶段，以及本书各章中讨论的主题。

定义 重要性	• 行业的主要可持续性因素（第 4 章） • 运营环境和可持续发展趋势的变化（第 11 章）

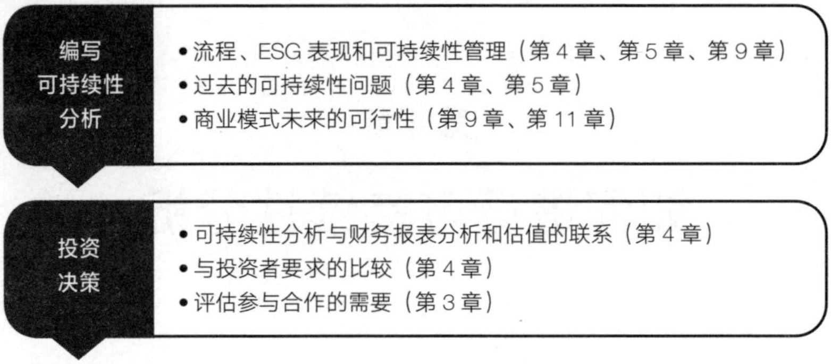

编写可持续性分析

- 流程、ESG 表现和可持续性管理（第 4 章、第 5 章、第 9 章）
- 过去的可持续性问题（第 4 章、第 5 章）
- 商业模式未来的可行性（第 9 章、第 11 章）

投资决策

- 可持续性分析与财务报表分析和估值的联系（第 4 章）
- 与投资者要求的比较（第 4 章）
- 评估参与合作的需要（第 3 章）

图 4-1　可持续性分析的关键过程

传统投资分析中的可持续性视角

近年来，可持续性因素在某种程度上已经成为银行向客户提供的传统投资分析的一部分。这些由银行提供的分析广泛适用于做出投资决策的投资组合经理，以及支持这些分析的分析师。因此，传统投资分析的发展在可持续投资成为主流以及将可持续性因素纳入投资决策时起到了重要作用。

SUSTAINABLE INVESTING 可持续洞察

拉米·韦赫马斯（Rami Vehmas） ｜ 伊尔玛利宁互助养老保险公司高级投资组合经理（投资资产约为 500 亿欧元）

在传统的投资分析中，可持续发展视角被视为一种下行风险，即潜在的负面表现。实际上，在风险分析中，应将视角扩展至积极风险层面，即将企业出色的可持续发展水平确定为一项具有竞争力的要素，使企业的净销售额和盈利能力超过预期发展。毕竟，投资者总是要冒着无法持有企业股份的风险（机会成本）而失去潜在回报。换言之，即便在可持续性方面，风险分析也必须双向进行。

芬兰林业就是一个很好的例子。人们通常仅从负面风险的角度来分析芬兰林业，但对芬兰林业的分析还应该包括在包装和生物材料中使用可再生和可生物降解（木材）纤维的机会。消费者越来越希望他们购买的产品及其包装是由可再生和可回收材料制成的，许多国家也在修改法律法规，加强对不可降解材料（塑料）的使用限制。此外，纸浆生产在用电方面也实现了自给自足，但除了财务业绩之外，投资者很少从其他角度来考虑这一点。

商业服务机构提供的可持续性专业分析

除了传统的投资分析以外，在可持续投资方面做得更好的投资机构通常使用商业服务机构准备的专业可持续性分析。这类分析对企业进行了分类和排名，同时提供了有关企业的可持续性风险、机遇及其管理的背景信息，以及过去受到公众关注的可持续性问题。

到目前为止，在编写可持续性评级和分析方面尚未形成国际认可的统一标准。实际上，这意味着商业服务机构有自己的一套编写可持续性评级的方法，重点关注可持续发展的不同方面。**这些分析强调了可持续性风险。**然而，当考虑到与可再生能源和气候变化有关的机会时，相对于其他技术企业来说，一家制造风力涡轮机的企业的可持续性评级会更高。

提供可持续性分析服务的商业服务机构包括明晟和Sustainalytics等。与银行不同的是，这些编写报告的商业服务机构并不负责代理它们所分析企业的证券业务（如股票和公司债券）。虽然银行可能拥有一些为它们编写可持续性分析报告的企业，但这些企业都有独立的业务，这意味着，可持续性评级机构相对独立于被分析的企业。

理解可持续性评级的模糊性非常重要

可持续性评级和可持续发展报告可以增进投资者对企业责任的理解。由国际商业服务机构编写的可持续发展报告，其优点是包含了系统性的方法，使同一行业的各企业能够得到一致审查。这些评估考虑到了与企业运营及其管理有关的关键方面，包括业务所在国、制造的产品、提供的服务，以及相关行业的其他特点等。

商业服务机构会对同一行业的企业业绩进行比较，这种比较包括能源和水的消耗以及事故发生频率等关键指标。在解释可持续性分析中的数据时，由于各行业的定义通常是广义的，理解起来比较容易。与此同时，商业服务机构还会将企业与不同类型的运营商进行比较。通过比较，**有些企业可能仅仅由于其经营的性质而看起来风险更大**。例如，某种类型的药物通常可能会有更多的副作用，因此，产品安全风险可能与产品制造商有关，而与生产药物的企业无关。

可持续性分析中的数据通常是基于投资对象的公开报告，以及媒体监测和企业提供的任何其他资料（然而，并非所有企业都会纠正每个错误或遗漏之处）。可持续发展报告的内容没有高度标准化的范式。换言之，如果一家企业没有报告商业服务机构认为重要的方面，未必说明该企业在这方面的工作存在缺陷。此外，这些评级并不承认各国间要求水平的差异，尽管有些领域的法律法规可能会非常严格，以至于合规本身可能就意味着相对较高的可持续发展水平。

国家间的差异会影响可持续性评级。例如，根据这些企业的评级，在美国经营的企业可能看起来比在欧洲经营的同类企业的可持续发展水平低。部分原因可能是公共纠纷降低了得分，在美国经营的许多企业会面临着集体诉讼。

此外，在可持续性分析中很难发现大规模的不当行为，除非企业的这些不当行为以其他方式遭到了曝光。例如，如果一家企业完全不披露相关信息，除

第 4 章
如何进行可持续性分析

非在官方检查中发现了这类事件，否则分析人员很难发现其不当行为。换句话说，并不是所有关键的可持续性因素都会被公布出来，甚至一些由黑手党控制的企业也声称具有最高的可持续性评级。

对于使用评级的投资者来说，理解可持续性评级是各不相同的可持续性方面的平均值，是非常有必要的。因此，一个可持续发展领域的风险可能被另一个领域的良好业绩所抵消。然而实际上，一个领域的重大风险有可能演变成整项投资的重大风险。因此，仅关注可持续性评级可能会令投资者忽视一些重大的可持续性风险。

商业服务机构提供的可持续性分析是以简洁易懂的方式汇编了特定企业大量的可持续性信息以支持投资决策。此外，可持续性评级有助于投资者将自己的资源用在风险最高的企业的可持续性分析上。监测投资对象的可持续性评级以及可持续性评级的变化，能帮助投资者特别关注高风险企业，同时为更深入的分析提供更多背景信息。

SUSTAINABLE INVESTING 可持续洞察

安德烈亚斯·斯唐（Andreas Stang） | PFA 资产管理可持续发展主管、前高级投资组合经理

在我们的投资组合中，有一家矿业企业的可持续性评级很低，我们注意到了该企业在公司治理方面存在很多薄弱之处。该企业被曝光了很多腐败问题（管理制度腐败、应对腐败问题的能力十分薄弱等），以及在交易处理中缺乏透明度、涉入过高风险地区的非法活动。例如，该企业采矿许可证的获得一度受到了公众质疑。我们对这些风险感到不安，于是决定卖掉我们持有该企业的股份，投资同行业中的另一家更具可持续性的企业。事实证明，这一做法是明智的，因为该企

业很快就被曝出全球性丑闻，其业务和股价也受到了影响。

由于该分析是从可持续性评分开始的，尤其是从公司治理的评分开始的，为了更全面地了解这家企业，我们还研究了由另一家商业服务机构提供的该企业在遵循国际规范方面的评估等信息以及来自彭博社的新闻。值得强调的是，这不仅仅是一个数字，还是必须阅读的定性数据，你需要弄清楚该如何解读这些信息。

如何确定可持续性分析的主题

在进行深入的可持续性分析之前，首先要确定分析主题，这些主题在投资分析方面是非常重要的。在选择视角时，投资者可以使用商业服务机构编写的可持续发展报告或各企业提交的可持续发展报告，以及可持续发展会计准则委员会（SASB）[①]对重大可持续发展主题的定义（共26个主题，见图4-2）。可持续发展会计准则委员会为11个行业、77个子行业定义了与ESG相关的可持续发展关键指标，从企业财务角度来看，这些指标非常重要。除了由商业服务机构编写的可持续性评级和分析以外，深入的可持续性分析工作通常还包括企业编写的可持续发展报告、第三方报告、第三方与企业管理层的讨论、由第三方做出的可持续性评级，以及使用了其他的可持续性分析工具。

如何识别可持续发展报告中的重大信息

各企业编写的可持续发展报告能帮助分析师更好地了解企业的可持续发展水平及目标。这些报告通常能提供企业认为重要的业务运营对可持续发展影响的信息，以及有关企业管理、目标、报告期内实施的措施和发展方向的信息。

---

① 可持续发展会计准则委员会是美国的一家编写可持续发展报告标准的组织。

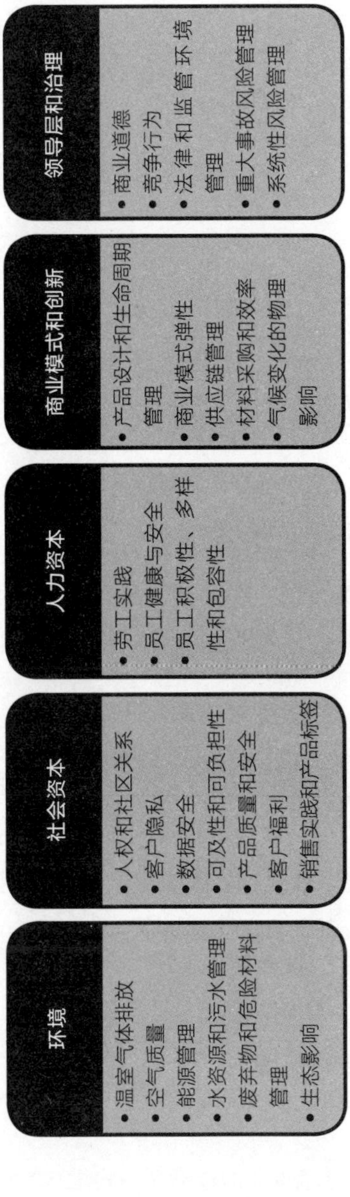

第 4 章
如何进行可持续性分析

环境	社会资本	人力资本	商业模式和创新	领导层和治理
• 温室气体排放 • 空气质量 • 能源管理 • 水资源和污水管理 • 废弃物和危险材料管理 • 生态影响	• 人权和社区关系 • 客户隐私 • 数据安全 • 可及性和可负担性 • 产品质量和安全 • 客户福利 • 销售实践和产品标签	• 劳工实践 • 员工健康与安全 • 员工积极性、多样性和包容性	• 产品设计和生命周期管理 • 商业模式弹性 • 供应链管理 • 材料采购和效率 • 气候变化的物理影响	• 商业道德 • 竞争行为 • 法律和监管环境管理 • 重大事故风险管理 • 系统性风险管理

图 4-2　SASB 定义的重大可持续发展主题

可持续发展报告的格式没有标准范式，报告的质量和范围因企业和市场而异。欧盟的一项关于公共利益实体（PIE）的指令，要求各企业报告非财务信息。比如，该指令要求各企业披露有关环境、员工、社会影响力、人权、防止腐败和贿赂，以及企业商业模式、经营风险及其管理的事项。企业可以选择报告中呈现信息的格式以及为此而使用的指标。在其他许多市场，企业并没有进行此类报告的义务，且新兴市场中自愿提交的可持续发展报告通常不如工业化国家中的报告质量高。

可持续发展报告通常包含支持分析的定性和数字信息。然而，可持续性数据仍处于走向标准化的过程中。这些数据受到各家企业就基准年、建模中使用的（排放量）转换系数、收集的数据范围等进行的假设和选择的影响。

另外，与收集可持续性数据有关的质量保证流程和控制通常不如财务数据全面，也就是说，即使出于这个原因，发布的数据也可能存在重大错误。因此，一些上市企业，尤其是大型上市企业，会让第三方审计机构或咨询公司对其可持续发展报告进行核验。尽管如此，最终发布的版本仍然可能会存在错误。①

表 4-1 展示了一家制造业企业在编写可持续发展报告时可能会涉及的问题示例。公共资料通常无法为可持续性分析中的所有重大问题提供详尽的答案，如果编写者有机会了解到更多情况，可持续性分析的质量则会显著提高。然而值得注意的是，大型机构投资者通常拥有与企业管理层会面的最佳机会。

---

① 核验者需要确保没有理由认为该报告发生了重大错误，或者已将重大错误移出报告。2018 年，约 20% 的芬兰企业的可持续报告中的可持续性信息得到了第三方审计机构的确认。

第 4 章
如何进行可持续性分析

表 4-1 制造业企业进行可持续性分析时的问题示例

主题	问题示例	答案解读
策略	• 如何在企业战略中考虑可持续性？ • 从业务角度看，定义的优先级是否有意义？	经营环境的发展和可持续发展趋势影响着企业。各企业在战略选择中对可持续性的考虑存在程度上的差异
目标	• 企业为其经营设定了怎样的目标？如何根据这些目标确定关键指标？	通过研究企业的目标，投资者可以了解可持续发展措施的重点，并试图解释企业在可持续发展方面的管理和发展中投入了多少资金
	• 潜在的因素是什么？企业是否报告了改进措施或不利于发展的原因？	从企业外部来看，很难评估报告的数据优劣与否以及设定的目标是否宏大。指示性信息可以通过比较同一行业各企业的数据而获得（例如从商业服务机构提供的分析中获得）
管理体系	• 企业在环境管理、质量和职业安全方面有哪些可持续性管理体系和证书？	管理体系的使用向投资者表明，企业的运营至少符合一定的国际标准，且需要有第三方在其所在地定期进行审查。然而，管理体系本身并不能保证企业考虑到了责任的所有方面
	• 这些证书的覆盖面有多大？是否有扩大覆盖面的计划？	如果证书的覆盖不全面，那么重要的是了解在高风险国家是否缺少证书。例如，在那些由于业务性质的原因使证书显得并不重要的地方，或者尚未得到认证的、通过企业安排而收购的新部门
可持续性问题	• 在可持续性方面是否有任何重大失败或矛盾之处被公开？	频繁出现小事故可能说明流程没有充分发挥作用
	• 企业如何降低负面影响，避免未来出现类似问题？	报告是企业发表自己观点的渠道，由媒体曝光任何故障和失职，都会在某种程度上引起公众的质疑
商业道德原则	• 企业是否有举报渠道，以便员工和合作伙伴可以匿名举报可疑的不当行为？	报告数量很少可能意味着举报渠道不够广泛或不被信任
	• 企业每年报告多少起事件，其主题是什么？针对这些事件采取了什么措施？	如果没有官方的举报渠道或举报效果不佳（如企业未对举报案例作出回应），那么不当行为可能要到很久以后，在当局进行审查或被媒体曝光后才被发现
业务运营的其他特点	• 企业运营是否有其他涉及可持续性风险的特点？	特定的可持续性风险可能与在高风险国家或冲突地区的业务运营有关，例如，有挑战性的国际项目，以及与通过企业安排收购的新部门相关的发展需要等

如何使用可持续发展报告和第三方报告

非政府组织、独立研究机构、联合国机构和调查记者等各方都会对选定的企业进行审查。其中一些报告是公开的。这些报告关注的可能是某个特定的可持续性问题，也可能是整个企业的可持续性情况，它们通常会关注企业的不足之处。这些报告在投资分析中很有用，因为它们从另一个视角更详细地分析了企业在价值链上的运营或者面临的任何可持续性问题。在编写前，编写者也会就报告中的一些方面直接与投资者或其代表公开讨论。

此外，一些企业也会让第三方就企业经营的可持续性或特定案例编写更全面的报告。有些企业会向投资者提供这些报告的关键结果，这本身就可以增加投资者对企业的经营和解决问题的能力的信任。

需要注意的是，投资者在使用由第三方提供的信息时，对其进行批判性的看待也是必要的。

可持续发展报告和第三方报告通常不能完全满足可持续性分析对信息的需求。但是，它们可以帮助投资者向各企业发送更相关的额外信息请求，并通过与管理层进行简短会议的形式获得更多有效信息。讨论可以从已经知晓基本情况和已经提前确定了关键问题的层面进行。

可持续发展报告通常关注过去，而投资分析则试图预测未来。通过研究报告，投资者可能会找到未来将发生什么的一些迹象，这些信息将与正常的前瞻性投资分析相结合。

与各企业的讨论可以增进投资者对企业的可持续发展能力水平、雄心壮志和未来发展计划的了解。在可持续发展报告中我们可以看到，企业的流程是如何确保实现可持续发展的，以及如何进一步提升可持续发展水平的，当然，这其中管理层的态度也发挥了作用。如果可持续性不是管理层关注的重点之一，那么当企业努力推动可持续发展策略的实施时，未来可能会发生更高的负面风险。

如果可能的话，直接与企业进行对话有助于投资者弄清楚报告中的任何矛盾或不一致之处。例如，有些企业可能会报告在能源效率方面的投资，但根据报告，它们的能源消耗实际上却增加了。有些时候，报告中的矛盾之处之所以会令人产生误解，是因为企业没有提供更多背景信息。某家企业可能报告了减少水消耗的措施，但却没有披露将水用在哪些业务中，以及水消耗在可持续性影响和企业业务经营风险方面的重要性。

可持续投资策略

用于评估企业可持续发展的五大维度

- 管理层对问题的回答有多全面？下次问同样的问题时，答案会有所改善吗？也就是说，企业是否在进步？
- 答案是否与报告的信息一致，或企业各代表之间的答案是否一致？
- 选定的可持续性方面是在哪个组织层面进行审查的？高级管理层的议程有哪些可持续性问题？
- 企业代表在分析可持续性问题上的能力如何、信心如何？
- 企业自身怎样理解与可持续性有关的发展需求？为了促进这些需求，已经计划和实施了哪些措施？

北欧可持续投资之道
SUSTAINABLE INVESTING

借助可持续性分析识别相关风险和机遇

借助可持续性分析,投资者可以识别与可持续性相关的风险和机遇。有时,风险看起来过大,以至于相关投资看起来不再具有吸引力。在这种情况下,有形风险的成本可能高于预期回报。根据分析,一旦企业涉及可能对投资者声誉产生决定性负面影响的风险,投资将变得不再可行。有些投资者会根据自己的评估或商业服务机构所做的评级,直接将可持续性评级最差的企业从自己的投资中排除。

目前,还没有既定的方法能将可持续性因素纳入估值中。与可持续性负面影响相关的成本(如融资成本),以及作为积极机会的现金流增长和预期收益,都可以在建模中加以考虑。或者,**可以根据可持续性风险,在估值中提高对该企业的回报要求**。调整的幅度可自行决定,没有特定公式。

分析师和投资组合经理可以根据常用的估值方法,以自己的方式评估投资。了解可持续性风险和机遇对成本、现金流增长和收益的影响是至关重要的。基于这一点,投资机构会努力协调指导方针和做法,使分析师和投资组合经理在实践中更容易实施可持续投资策略。

SUSTAINABLE INVESTING
可持续洞察

米卡·莱斯基宁 | FIM 首席投资官(投资资产约为 80 亿欧元)
(Mika Leskinen)

未来,各企业的估值仍然类似。但是,影响企业现金流的因素很可能包含越来越多的可持续性方面,我们需要对这些方面加以识别,因为它们将对未来的现金流产生积极或消极的影响。当下,即将影响未来现金流的可持续性方面已经率先对证券的定价产生了影响。

例如，在分析有关冬季运动的设备生产或者从事冬季旅行的企业的长期需求前景时，投资者不能忽视因全球变暖带来的冬季缩短，以及随之而来的总需求下降等问题。每逢淡季，市场对企业产品和服务的需求会降低，债务融资的可获得性也可能会降低。

|北欧可持续投资实战案例|
从瑞士 ABB 集团可持续性分析评估其投资价值

背景信息

我们的分析是基于瑞士工业巨头 ABB 集团（以下简称 ABB）全球业务的整体运营而做出的。我们研究了该企业 2017 年和 2019 年的可持续发展报告、2016 年（关于韩国）和 2019 年（关于摩洛哥油服公司 Unaoil 和南非国家电力公司 Eskom）的年度报告、英国和美国当局的网站和报告，以及由媒体发布的与可持续发展相关的问题和在企业运营中发现的问题。

案例描述中，我们还呈现了 Skandia 资产管理公司的高级可持续发展分析师安妮塔·林德伯格（Anita Lindberg）的有关 ABB 可持续发展风险和机遇的评论，以及由 ABB 的可持续发展部门（瑞士苏黎世可持续发展事务部）员工就我们在分析中提出的问题所给出的答复。

我们已经基于充分可用的公共信息编写了一份 ABB 的可持续性分析。许多机构投资者还利用商业服务机构来收集该企业的可持续性数据进行分析。此外，机构投资者通常有机会直接与管理层进行讨论，了解更多实情。

我们的分析仅仅基于公开发布的信息而做出。这意味着该企业可能已经建立了管理我们所识别的风险的机制，但企业并没有报告这些机制。企业应负责任地以这种方式提供它的运营信息，这样就可以帮助外界准确理解企业的可持续性情况以及相关的影响力、风险和机遇。

第 4 章
如何进行可持续性分析

我们对 ABB 的分析概况如表 4-2 所示。它涵盖了与该企业有关的几个关键的可持续性方面及其可能对收益产生的影响。

表 4-2　ABB 的可持续性分析概述

主题	等级	现状	对收益的潜在影响
		可持续性机遇和风险	
产品和服务的影响	●	ABB 近 60% 的净销售额来自生态效率投资组合。该企业非常重视清洁技术创新。	几大趋势正在为该企业带来成长机会（如气候变化、自动化和可持续交通）
商业道德原则	●	ABB 具有全面的原则和经认证的反贿赂计划，包括培训（覆盖率高达 98%）以及用于举报不法行为的渠道。然而，2017 年和 2019 年曝光的案件（两起腐败调查案件和一起韩国员工的重大贪污案件）引发了人们对这些程序有效性的质疑。	● 潜在的法律费用和罚款 ● 潜在的失败可能导致经济损失、运营中断和声誉受损
负责任采购	●	ABB 为高风险供应商制订了可持续发展计划，包括培训、现场评估、监测等。但是，该企业没有报告年度措施覆盖范围的具体信息，例如已完成审核的数量和内容。	● 为满足利益相关者的期望而改进审核和监测行为的潜在成本 ● 可能由社会问题导致的交付中断和延误
有害材料	●	ABB 拥有一份禁用和限用材料的公开清单，这也与其供应商有关。此外，该企业还报告了其仍在使用的有害化学品的减少情况。要理解该企业仍在使用的有害材料的重要性以及未来任何禁止或限制措施的影响，还需要更多信息。	新的限制措施可能增加成本或影响质量
环境管理	●	自 2018 年以来，该企业一直在实施具有 ISO 14001 环境管理认证的全公司管理系统。截至 2019 年末，新系统的覆盖率为 65%，目标是截至 2020 年 1 月末，所有业务都使用新系统。	● 环境修复的潜在成本
健康和安全	●	ABB 的新管理系统获得了 ISO 45001 健康和安全认证。过去 5 年来，因工时而引起的事故数量有所减少。	● 潜在的运营中断、法律费用和赔偿

注：1. 生态高效解决方案是 ABB 核心业务的一部分：近 60% 的净销售额与提高客户的能源效率和实现清洁技术解决方案有关。投资的主要可持续性风险与在国际运营中可持续性原则的遵守有关。近几年，ABB 进行了几次收购，所以更需要在所有业务中实施统一标准。

2. ● 运营似乎是可持续的　　● 潜在的重大风险

从最初分析到投资决策

投资者可以根据自己的目标、资源和拥有的一些机会,通过向企业提出更详细的问题、与分析师进行讨论等方式深入分析。更多的信息可以帮助投资者评估所有检测到的风险是否都与企业的运营有关,还是说部分风险是由报告中的缺陷引起的;在基于公开信息的分析中,是否还有一些未发现的至关重要的内容。

对于投资决策,应优先考虑与 ABB 的经营相关的各个可持续性因素。也就是说,要考虑在分析中发现的各种因素所占的权重,并根据企业的经营和财务前景对这些因素进行评估。实际上,投资者必须确定企业对生态效率和气候变化方面的积极环境影响有多大,以及他们发现的风险和相关的不确定性有多大。

想要对与可持续性风险相关的成本进行建模是一项具有很大挑战性的工作,因而相对少见。例如,如果一家企业认为有必要进一步开发供应商审查系统并使其更加系统化,那么就会产生额外成本。很少有企业公开分享开发审核系统及其他程序的成本,有关此类成本的信息通常不会公开,即便是遵守最佳实践的基准企业也不会公开此类信息。评估可能引起声誉损失的概率和影响也是一项挑战。

机遇:专注清洁技术和创新

ABB 总部位于瑞士,是一家业务遍及全球 100 多个国家的技术企业。该企业在苏黎世、斯德哥尔摩和纽约证券交易所上市。ABB 有 4 个业务领域,分别是电气化、工业自动化、运动、机器人与离散自动化,为能源、工业、交通和基础设施领域的客户提供服务。生态效率解决方案是 ABB 的核心业务,该企业近 60% 的净销售额来自提升客户运营的能源效率和清洁技术解决方案。

该企业表现出始终走在清洁技术创新前沿的雄心。ABB 开发的解决方案包括更可持续的交通运输（如电动车快充点），更智能、绿色的电力网络（如数字、绿色的电力网络平台，太阳能的转换应用），以及可提高能源效率的家用和工业化自动系统，等等。2018 年，在《财富》评选出的通过积极的社会影响力显著改变世界的企业中，ABB 位列第八。[①]

风险：在国际业务中遵守可持续商业原则

商业道德原则

ABB 拥有全面的反贿赂原则、经认证的带有相关培训的反贿赂计划（2019 年的覆盖率为 98%），以及匿名举报可疑不当行为的渠道。然而，来自公众的怀疑引发了投资者对这些程序是否有效的质疑。

自 2017 年起，英国和美国相关部门开始调查该企业与 Unaoil 合作时的贿赂和腐败行为。根据媒体发布的信息，ABB 与英国调查当局进行了合作。2020 年春，英国当局决定不对 ABB 提起诉讼，这一结果和之前与 Unaoil 合作的另外两家企业有所不同。

2019 年，美国相关部门正在调查一笔 ABB 向 Eskom 支付的可疑款项。ABB 似乎已经发现端倪，并主动向美国和南非当局报告了相关情况。截至本书撰写时，由于从公开资料获得的信息有限，且调查还在进行中，相关信息尚存在不确定性。在分析中，投资者不可能非常准确地预知可能发生制裁的范围。通过研究以前在类似案件中制裁与净销售额的关系，并评估该企业可能需要在哪些国家应对指控，可以对这一事件形成一个大致的判断。除此之

---

① 此排名来自《财富》杂志与一家非营利性咨询公司 FSG 合作编写的"改变世界"榜单。榜单上的企业必须实现可衡量的社会影响力和对社会有益的商业成果，并拥有重大的创新业务。

外，还应该评估定罪的可能性。

在第三起案件中，韩国子公司的一名员工携带 1 亿美元潜逃。根据媒体公布的信息，直到隶属于财务部的这名员工失踪后，这起盗用公款的案件才浮出水面。据估计，被盗用资金相当于 ABB 2016 年净收入的 4% 左右，相当于韩国子公司年净销售额的 20%，金额之大可见一斑。ABB 及其审计人员得出结论，这起犯罪很可能是由职责分工不明引起的：仅凭一人就能调用资金，而无须另外一人的批准。据媒体发布的信息称，盗用公款者是韩国子公司报告道德问题的联系人。不知这种监守自盗的行为是否对事态的发展产生了巨大影响。

从报告来看，该企业进行的研究和实施的措施主要集中在韩国，韩国对该案件进行了调查，高管人员也被更换。投资者需要弄清楚的是，控制机制是否在全球范围内完好无损，是否可以确保类似事件不会再度发生。ABB 还应确保会将所有可疑案例有效地报告给总部。

使用道德举报渠道的其他信息将有助于投资者更具体地评估与企业运营相关的风险。根据目前公布的信息，人们尚不清楚这些事件究竟是孤立的，还是有理由怀疑该企业存在更广泛的问题，即母公司制定的一些原则在全球业务中并未得到充分执行。由于企业没有报告以下信息，所以评估变得更加困难：

- 每年通过举报渠道举报的案件有多少？
- 接到的举报与哪些主题相关？可持续发展报告中的投诉涉及骚扰和歧视，但并未提到任何其他话题。
- 谁来处理这些投诉？是否都上报给了母公司？
- 如何确保世界各地的员工了解并信任举报渠道？
- 如何在数据隐私通常不被信任的运营国家收集信息？

负责任采购

ABB 为高风险供应商制订了可持续发展计划,包括培训、现场评估、监测等。然而,对这一计划的实际执行情况却只有一般性描述。关于年度措施覆盖面,ABB 尚未公布更详细的信息,例如,该方案涉及的供应商比例以及审查的数量、内容和实施方法(如由哪一方、以何种标准进行审查)。

从公布的信息来看,ABB 已投入资金来促进业务中人权的落实。该企业在世界各地都有业务,在沙特阿拉伯、阿拉伯联合酋长国等高风险国家也拥有供应商,这些国家面临着与移民劳工有关的挑战。该报告提到了单独的人权原则和两次年度培训活动,进而谈到人权问题。作为一项新的发展项目,ABB 开始向内部的人权倡导者网络提供培训,旨在将人权原则付诸实施。为了评估人权风险,ABB 报告称,企业会根据《联合国工商企业与人权指导原则》进行审查。根据该企业的报告,目前尚不清楚其评估有多全面。为了支持这项分析,了解更多有关审查和任何纠正措施的主要结果也是有用的。ABB 向美国相关部门报告称,该企业使用的冲突矿产(conflict minerals),其中有些可能产自刚果民主共和国。该企业的措施似乎是合理的,包括对供应商进行审查和使其加入《负责任矿产倡议》(Responsible Minerals Initiative,这是一项多部门共同参与的可持续发展倡议)。

在国际商务中,可持续发展问题是无法完全避免的。如果足够仔细地规范运营,有些问题势必会被发现。由非政府组织及其他第三方所做的研究就是很好的例子。然而,如果企业看起来对可持续发展漠不关心或在相关环节有薄弱之处,那么即使再小的问题也会恶化。

有害材料

ABB 拥有一份禁用和限用材料的公开清单,这也与它的供应商有关。该企业也会报告其减少使用有害材料的情况。ABB 于 2019 年创建的集团级材料合规管理方案和 55 个特定地区方案给人的印象是，该企业对减少有害材料的使用有清晰的流程和规划。另外，ABB 还提供了有助于减排的具体投资案例。

虽然 ABB 未必能够提供其使用的所有有害材料的信息，但企业层面的有害材料限制计划是可靠的，因为 ABB 已经为未来可能出现的限制措施做好了准备，这样可以更好地适应任何变化。对于投资分析来说，获知该企业仍使用的有害化学品在其业务中的重要性、减少使用这些化学品的机会、未来任何禁止或限制使用措施对该企业业务的影响都是非常有意义的。

环境管理

自 2018 年以来，该企业一直在实施具有 ISO 14001 环境管理认证的全公司管理制度。截至 2019 年末，新制度的覆盖率达到了 65%，并将很快实现在各项业务上的全覆盖。这可以被视为一种积极的发展势头。尽管之前的认证等级已经相对较高（2017 年为 75%），但根据公开信息来看，尚不清楚该企业在无需认证的地区是否进行了认证，也不清楚近期被收购的企业是否得到认证，以及在一些高风险国家或地区是否出于某些原因而没有进行认证。

值得注意的是，该企业仅在报告末尾的表格中讨论了重大泄漏事故，在报告的其他位置却没有提及。2019 年，该企业发生了 26 起重大泄漏事故。这些事故包括向空气中排放相关物质以及石油和化学品的泄漏等。然而，重大泄漏的限值相对较低（如泄露对成本的影响超过了 1 万美元）。换言之，尚不清楚这些问题的范围以及是否可将其视为相对普通的问题。如果该企业将泄漏事故分类，投资者就可以通过阅读报告辨别相关泄露是否具有经济或环境意义，这样更能说明问题。

与 2019 年的可持续发展报告的大部分内容不同，本次报告中有关泄露、回收和再利用水资源以及排放污水的数据尚未得到第三方的确认。这就引发了一些疑问：该企业对这类数据的收集是否充分；这些数据是否重要。虽然第三方的保证可以提高信息的可靠性，但它并不能确保这些信息完全准确。

健康和安全

在健康和安全方面，该企业的运营似乎相当不错：ABB 的新管理体系已获得 ISO 45001 健康和安全认证。过去 5 年里，事故发生率有所下降。这表明，该企业已经采取了措施，成功地提高了职业安全性。为了支持这一分析，更详细地了解特别是致命事故的原因以及未来是否能更有效地避免类似事故的发生，也将具有启发意义。

除了重大风险外，该企业报告的其他主题

ABB 还报告了其业务的碳足迹，如通过提高能源效率的项目等，逐年减少碳排放量。然而，根据 ABB 业务的性质，可以假定其最重要的气候影响是通过客户产生的。

ABB 也提到了水风险情况。对于为什么水风险被排除在主要风险之外，ABB 进行了解释。该企业报告称，ABB 也会在一些水风险较高的地区运营。然而，水的使用在企业的运营中并没有发挥重要作用。要进行更详细的分析，了解在哪些业务中使用了大量的水，这些业务是否位于水风险高的缺水地区，以及 ABB 的水排放对当地自然环境是否产生了负面影响等问题，将是有益的。有关水排放的数据在不同年份之间差异很大，对此该企业没有给出全面的解释。了解关于未经处理排放的水的质量情况也将对分析有所帮助。

一位高级可持续发展分析师的观点：
ABB 站在低碳能源转型的最前沿

ABB 可以投资于我们所有的可持续发展基金，主要原因是该企业实现了可持续的全球能源转型，其大部分净销售额都来自与可持续发展相关的产品。在可再生能源生产的扩张中，该企业为与储存和有效分配相关的问题提供了解决方案。

在我们看来，ABB 最大的可持续性风险可能与违反企业内部准则或法律法规有关，因为管理全球范围内的商业运作和庞大的员工队伍是一项持续而艰巨的挑战。**该企业收到的订单价值可能会非常高，且此类订单通常与公共部门有关。这些情况都使该企业面临着很严峻的贿赂和腐败风险，面临着垄断性的卡特尔组织的形成，以及可能存在的地方欺诈风险。**此外，虽然 ABB 与化石能源生产有着密切的联系，但该企业的许多产品和服务也可以用于可再生能源的生产。ABB 为大型水坝项目及其他可能对当地社会和环境有负面影响的大型能源基础设施项目提供建筑构件，这可能会使 ABB 被指控为助长了此类影响当地实现可持续发展的问题，特别是该企业还在施工现场为这些项目提供了维修及其他服务。我们认为，ABB 的气候风险是有限的，因为该企业有强大的气候战略。

考虑到其业务运营的范围和性质，ABB 面临的可持续发展问题并不罕见。然而，尽管违法行为是由一个人实施的，但企业内部的事故总有其内在原因。潜在的结构性原因可能与对子公司的控制和管理有关。话说回来，ABB 有许多子公司，在任何情况下都控制这些子公司并使其适用相同的规则，这可能是一项极具挑战性的工作。

到目前为止，没有任何迹象表明我们会因此不想再投资这家企业。如果一家企业被认为系统性地、严重地违反了国际规范，或者被发现存在与我们最初投资该企业的理由相违背的行为（如我们出于环境原因投资的一家企业在运营、供应链或客户运营中造成了系统性的环境破坏），那么我们会出售该企业的股份。但是，只要这个事件是孤立的，我们就希望在做出任何决策前获知更多信息。

我们认为，ABB 在调整未来的业务运作方式上做得很成功。作为一家历史悠久的大型传统企业，ABB 果断地走在了低碳能源转型的前沿。

企业观点：ABB 可持续发展部门对可持续性分析中出现问题的回复

1. ABB 主要面临哪些可持续发展机遇和风险？

凭借领先的技术，ABB 为联合国可持续发展目标中的许多基本目标的实现做出了贡献。ABB 的结构化分析明确了我们可以发挥最大影响的 7 个可持续发展目标。ABB 的产品、服务和解决方案不仅促进了我们核心业务之一的平价清洁能源，也就是可持续发展目标 7 的发展，还促进了可持续发展目标 6、8、9、11、12 和 17 的同步向前。[①] 2017 年的可持续发展报告提供了许多能证明我们的影响力的案例。ABB 对减少温室气体排放的最大贡献是通过节能和可再生能源产品、系统和服务而做出的。[②]

在最近一次的利益相关者会议上，我们已经明确指出，ABB 主要的可持

---

① 在可持续发展目标中，目标 6 是"清洁水和卫生"，目标 8 是"体面工作和经济增长"，目标 9 是"工业、创新和基础设施"，目标 11 是"可持续城市和社区"，目标 12 是"负责任的消费和生产"，目标 17 是"目标伙伴关系"。
② ABB 的 11 项可持续发展措施之一是监测其生态效率投资组合的表现。在运营过程中，该投资组合在 3 个领域实现了最为显著的积极影响：能源效率、可再生能源和资源效率。该企业试图提高生态效率投资组合的份额，目标是在 2020 年达到 ABB 总净销售额的 60%（2014 年为 53%）。

续性风险与负责任采购、人权和诚信有关。正如我们在 2017 年可持续发展报告中所述,每个行业都有一个特定的方案将业务风险降至最低。

2. ABB 的年度供应商审计的数量和更详细的范围是什么?

ABB 每年都会对其供应商进行一次风险审查,并根据审查结果决定是否对相关供应商进行审计。ABB 的供应商审计覆盖全球。自 2018 年起,供应商审计开始在 17 个高风险国家进行,未来可能还会纳入新的国家以扩大覆盖范围。通常,我们会基于风险审查,选择问题比较大的供应商进行可持续性审计,内容包括以下方面:

- **地域风险**:侵犯劳工或人权的风险;供应商所在国普遍存在的安全和环境风险。
- **分类风险**:在材料制造中涉及的环境和安全风险。
- **经济风险**:商业风险。

我们的供应商审计是围绕所有 17 个业务所在国的劳工或人权、安全、环境和当地法律要求的 42 个参数进行的。对于不合规之处,ABB 会协助供应商编写纠正和预防行动计划,并分析根本原因。为了帮助供应商完善运营标准,ABB 会在审核前后开展各种供应商培训计划、能力建设活动以及举行支持会议。

ABB 还与供应商协作实施了特殊计划,为长期问题(通常受社会经济和文化习俗的影响)寻求创新解决方案。

3. ABB 是否能提供有关举报热线的详细信息,是否总是在总部评估报告的案例?韩国子公司的那位盗用公款的员工是负责解决道德问题的人员吗?

通过举报热线举报的所有案例都会被提交至集团的特别调查办公室,该办公室负责进行调查。盗用公款的涉案人员不负责解决业务所在国的道德问题。

4. 针对盗用公款案采取的措施是仅在韩国实施，还是在全球运营中广泛实施，以确保对子公司的管理？

2017年2月，韩国子公司被曝光了一起不光彩的盗用公款案之后，ABB采取了迅速而果断的行动。我们在发现了相关问题后，立刻纠正了内部存在的重大漏洞，并更换了韩国的管理团队，从而使其他国家没有受到影响。

发现盗用公款行为后，我们还做出了薪酬调整的决定，降低了ABB员工的年度短期激励薪酬水平以及高管的长期激励计划奖金。

5. 这一事件的泄露金额是多少？

扣除保险赔偿后，泄露金额约为8 000万美元。

6. ABB的可持续发展报告中并未讨论能源基础设施项目和大坝对当地社会的潜在负面影响。ABB是否认识到，在这一领域也会存在风险？是否有适当的流程来管理这些风险？

多年来，ABB一直努力将可持续发展主题纳入尽职调查和风险管理流程中。这些流程包括对能源基础设施项目和大坝的风险审查，其中，环境和社会风险的可持续性也是风险审查流程的一部分。

7. 就ABB的业务运营而言，有害物质的作用和风险是什么？它对ABB来说有多重要？

在ABB，我们要求所有业务部门积极淘汰有害物质，一旦技术和经济上可行，我们就会引入有害性较低的物质来替代这些有害物质。为了帮助我们管理这种风险，我们编写了ABB禁用和限用物质清单。该清单适用于我们所有的业务及相关环节，包括供应给ABB的货物、产品开发、产品生产、包装材料、服务业务和施工现场等。[1]

我们有一个由专家组成的网络，他们负责监督、解释和向我们的企业通报关于有害物质的即将出台的新限制措施。[2]这有助于我们做好供应链管理，有助于我们的产品经理和研发部门及时淘汰不够理想的物质和材料，还有助于我们及时更换供应商。

我们还成立了一个多职能的材料合规团队，其使命是根据最佳实践，为我们在全球市场上面临的日益复杂的材料合规法规提供标准化和系统化的应对方法。该团队评估了业务部门当前的工作、与供应商和客户的沟通、标准、指南、工具和培训，以及内部和外部支持。该团队还与ABB各部门合作，制定并发布了新的全球标准和指南，以及与《关于化学品注册、评估、授权与限制制度》（以下简称REACH法规）和有害物质限用指令（以下简称RoHS指令）相关的全球通用的网络研讨会培训包。

---

[1] 此外，该清单有助于ABB遵守法定要求，确保其在整个价值链上照顾到人类健康和环境。与此同时，该清单也是该企业为供应商编写的附加指南，除了作为供应商行为准则的一部分，该清单还旨在帮助供应商更好地理解它们的责任。
[2] 关于有害物质，ABB受欧盟REACH法规、欧盟RoHS指令、美国加州65号提案和中国RoHS指令的约束。

第 4 章
如何进行可持续性分析

SUSTAINABLE INVESTING
作者解读

　　ABB 的这份可持续性分析是基于公开发布的信息而做出的。也就是说，任何具备基本可持续性分析技能的投资者都可以用类似的方式评估其（当前或潜在）投资对象的可持续性。对分析过程中确定的可持续性要素的严格审查揭示了投资者应意识到的机遇、风险和问题。该案例也说明了全面报告对投资者的重要性。如果一家企业未能全面而透明地报告（有时出于正当原因）所有重要的可持续性因素，该企业应披露缺少此类信息的原因。否则，投资者可能会产生误解，或者对企业的可持续性评级和相关风险缺乏足够的了解。

　　ABB 对我们提出的问题的回答表明，与一家企业直接对话可以获取可用的信息，从而提高分析的质量。即使该企业无法回答分析中产生的所有问题，相较于公开信息，它也能更全面地澄清其情况和流程。例如，直接对话还能纠正基于媒体报道的信息而产生的任何误解。

第 5 章

运用可持续性分析工具评估各类投资

通过不同的可持续性分析工具，投资者可以系统地比较各类投资之间的可持续性情况。每种分析工具都有自身的优势和劣势，因此，使用几种不同的可持续性分析工具和不同的信息来源，有助于人们更全面地理解投资的可持续性。

近年来，特别是在气候影响的评估方面，可供选择的可持续性分析数据和工具迅速增多。

当前可持续性分析工具的主要类型

Q SUSTAINABLE INVESTING 可持续洞察

| 安德鲁·霍华德
（Andrew Howard） | 施罗德集团（Schroders）可持续研究主管
（投资资产约为 5 450 亿欧元） |

在我从事可持续性研究的十多年里，可持续性数据的可用性发生了巨大变化。刚开始的时候，你有一些数据，你就必须意识到，基于这些数据可以分析什么。现在，你有了大

量数据后，就得先知道，自己想弄清楚的主要问题是什么，然后有选择地使用数据。在我看来，最重要的是集中分析以主要行业为基础、影响各企业发展的可持续性趋势。

我们总结了几个主要的可供选择的可持续性分析工具，如表 5-1 所示。通常，我们基于时间维度和数据解释这两个要点来确定分析工具的类型。

表 5-1 可持续性分析工具的主要类型和重点

		时间维度	
		过去	未来
数据解释	报告数据	• 碳浓度 29（ISS ESG、明晟、标普 Trucost） • 绿色 / 棕色风险敞口（标普 Trucost、ISS ESG、明晟） • 可持续发展投资（明晟、富时罗素）	—
	总结和结论	• 可持续性评级（一般评级：明晟、Sustainalytics；特定主题 / 行业评级：逆市操作指标*、企业人权基准 CHRB*、科勒 FAIRR 蛋白质生产者指数*） • 违反国际规范（ISS ESG、Sustainalytics、明晟） • 环境成本（标普 Trucost）	• 应对气候变化（逆市操作指标*、转型路径倡议 TPI*） • 气候情景（2°投资倡议 30*、碳追踪*、美世咨询）

注：括号内为提供各种可持续性分析工具的组织示例；非营利运营商用星号标记。

时间维度：过去或未来

投资者使用的大多数可持续性分析工具都集中关注历史数据和其他信息。因为投资分析的目的是评估企业未来的可持续性风险和机遇，所以仅仅检查历史信息并不能为可持续性分析提供全部重要信息。毕竟，过去的可持续性水平的高低并不能保证未来也处于同等水平。近年来，越来越多的前瞻性分析工具可以帮助投资者评估企业未来的可持续发展和经营状况。

许多专注于过去的可持续性分析和工具都是由商业服务机构开发的。在前瞻性分析机会的挖掘过程中，基于投资者联盟和公共基金的非营利组织也起到了关键性作用。商业服务机构至少会每年更新一次可持续性分析及相关信息，并以易于整合到投资者信息系统中的方式提供给使用者。许多非营利组织都在推进有利于整个行业的研究，通常来说，这些研究至少有一部分是免费供所有人使用的。

数据解释：报告数据、总结和结论

投资者可以获得由各企业报告的信息汇编或原始数据，也可以查阅由商业服务机构提供的总结报告。总结报告详尽地解释了所收集数据的含义以及如何对各种数据集进行加权以得出结论。然而，商业服务机构也会根据报告需要呈现的数据确定要收集的数据范围，以及用于数据建模的基本假设（在这种情况下，建模往往会涉及企业自己没有报告的数据）。

商业服务机构的比较和选择

评价商业服务机构采用的建模方法是一项艰巨的工作，它需要大量的专业知识，且要熟悉数据的来源和确保数据的一致性。商业服务机构即使在评估同一家企业时，由于它们的资料来源不同、对资料的解释存在差异以及其他任何可能出现的疏忽，最终都有可能得出不同的关键数据和评估结果。基于竞争原因，一些用于分析的背景信息和用于编辑的方法受到了保护。换句话说，由于透明度有限，所以投资者无法从外部充分评估数据的可靠性。

2018年，《华尔街日报》描述的有关埃克森美孚石油公司的一起案件说明了可持续性分析工具之间的差异。由于Sustainalytics在评定中给予埃克森美孚石油公司的社会责任权重为40%，该企业被Sustainalytics评为5家石油企业中最具可持续性的企业。Sustainalytics称，埃克森美孚石油公司在事关劳工、供应链和社会责任方面的原则性很强。而在明晟的评定中，该企业的环境权重为51%，社会责任权重仅为21%。因此，相较于其他5家企业而言，埃克森美孚石油公司的可持续性评级位列倒数第二。据《华尔街日报》观察，明晟对每家企业都采用了少量的重要指标，每个指标对总分都有重大影响；而Sustainalytics则使用了更多指标，其中一部分的评估是基于分析师的看法。

在选择商业服务机构时，除了评估质量，通常还要评估投资领域分析工具的适用范围，以及这些工具是否能满足投资者的需求。比如，是定量分析还是定性分析更可取，是以确定新的可持续性机会和可持续投资为目标，还是以管理风险为目标。使用可持续性分析工具的商业服务机构正在不断创新，新型工具正不断进入市场。**对产品进行评估，能帮助投资者寻找到最佳合作伙伴。**为了评估可持续性分析及其分析工具的质量，投资者可以询问投资组合中的主要企业，了解各商业服务机构对其可持续性关键方面的看法。

有关可持续性分析的评估模型正在不断演进，而分析的数据又时常具有不确定性特点。因此，投资者需要对投资领域进行全面分析。目前，基础广泛的分析方法已经实现了统一，因此，这种分析方法看起来可能有些机械，也未必考虑到了特定企业可持续性的所有关键方面。尽管如此，许多投资者还是发现，为可持续性分析付费是值得的，因为它对投资的风险、机遇和影响进行了更全面的概括。当然，我们同时也要意识到，传统的（金融）投资分析也是具有不确定性的，虽然建立了相关的计算公式，但它仍然包含假定和主观预测。

历史报告数据

碳浓度

在描述气候影响力的单独指标中，投资者通常会使用碳浓度这一指标。这是因为，投资者可以轻松获得大量相关信息，与金融指标相关的碳浓度使得投资者可以在同一行业中的不同企业之间进行比较，从而了解投资组合的气候概况。对许多机构来说，碳浓度的评估是对气候影响力和相关投资风险进行系统审查的第一步。

确定投资组合的碳浓度，以及在这方面影响力最大的企业，可以帮助投资者认识到与他们的投资有关的一些气候风险。例如，可以注意到某些能源密集型企业中权重特别高的要素（占总投资的很大一部分）。在某些情况下，碳浓度可以作为供投资决策参考的一个有效指标。然而，这只是评估气候风险的一个简单指标，通常还需要进行检验，从而将其运用于进一步分析中。

在报告中，碳足迹通常以二氧化碳当量（CO_2e）①的形式呈现，这意味着各种温室气体之间的比较是基于它们对全球变暖的不同影响来进行的。除了二氧化碳以外，甲烷和一氧化二氮也是包含在数据中的主要温室气体，有些商业服务机构在报告中也会呈现其他温室气体排放量情况。碳足迹涉及许多选择（与排放转换系数、数据覆盖范围等因素相关），这些选择由提供信息的企业以及为投资者建立数据模型的商业服务机构做出。做出选择对计算来说是必要的，但它也会影响不同企业碳足迹数据的可比性，以及各企业对气候变化的实际影响。

碳足迹数据的计算通常是基于《温室气体议定书》及其他准则。《温室气体议定书》将温室气体排放分为三类（见图5-1）：

- 第一类为直接排放（企业使用的燃料和制冷剂）。
- 第二类为购买能源产生的间接排放。
- 第三类为与企业购买的产品、外包、商务旅行等有关的间接排放。

---

① 二氧化碳当量是测量碳足迹的标准单位。即把不同的温室气体对于暖化的影响程度用同一种单位来表示。如此一来，可以将碳足迹不同的温室气体来源都以单一的单位来表示。——编者注

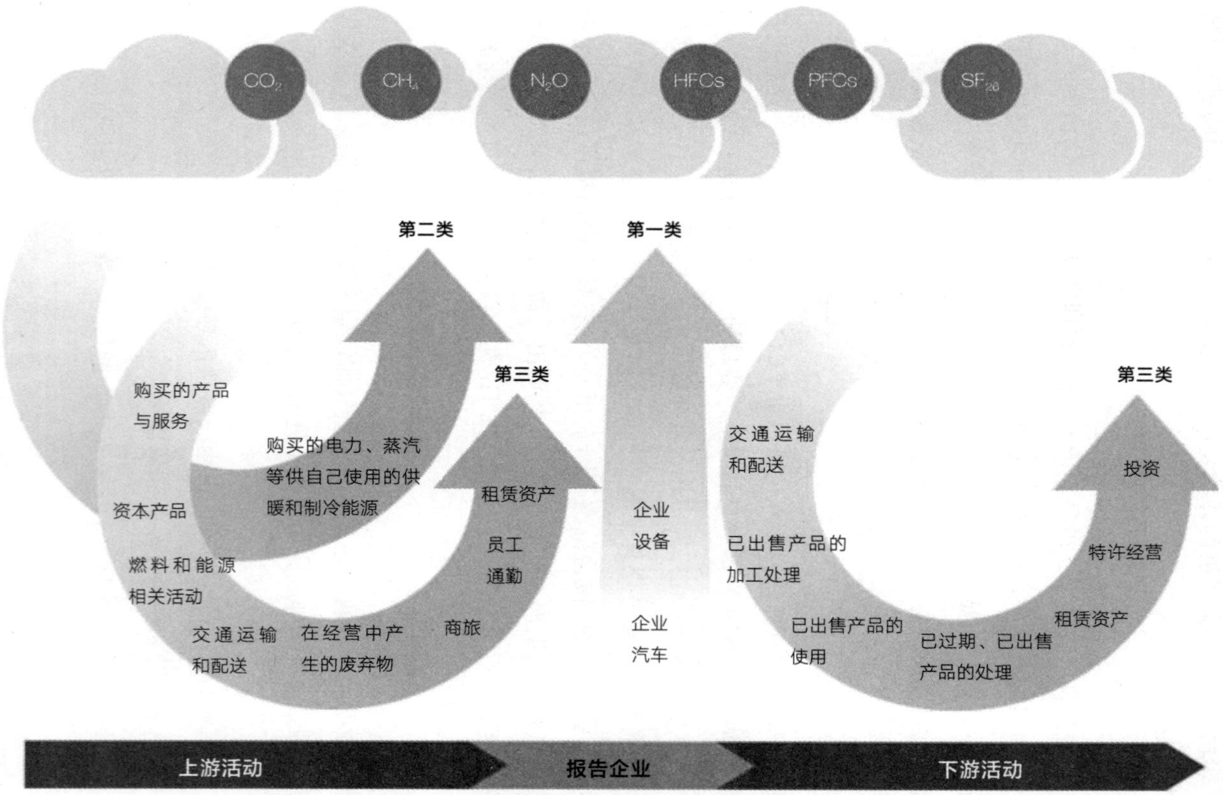

图 5-1 根据温室气体核算体系计算的温室气体排放量

资料来源：温室气体核算体系。

第 5 章
运用可持续性分析工具评估各类投资

在投资者使用的评估中,碳浓度是指碳足迹在财务关键数据中的比例。使用财务关键数据可以对不同行业中的企业进行比较。他们还将低排放量评估与低生产量评估区分开来。例如,豪华轿车的生产厂商可能看起来比低价汽车的生产厂商效率更高,因为豪华轿车的生产厂商可以用更少的汽车获得更高的净销售额。此外,对于可供观察的财务数据可以从三个方面进行选择:以价值加权的投资组合[①]、净销售额[②]、投入的欧元金额(市场价值)。由于所选的比较数据方向不同,即便在评估相同投资或投资组合时,投资的碳浓度及其发展情况也有所不同。

在解释碳浓度数据时,**重要的是理解这些数据的计算逻辑,以及企业所处的行业和经营的业务是如何影响这些数据的**。迄今为止,投资者更常用的碳浓度数据仅包括第一类排放和第二类排放。[③] 这背后的一个原因是,各企业向投资者报告的第三类排放通常是有限的,且仍然是基于特定行业平均值的粗略建模或者报告涉及的仅仅是第三类排放的一部分,例如供应商的排放量。

由于缺乏对第三类排放的报告,所以碳浓度很好地描述了当第一类排放和第二类排放(如电力企业)构成了排放量的一个重要部分时,气候对各企业的影响。但在许多行业中,大多数排放量都属于第三类排放,也就是说,使用碳浓度数据的投资者需要知道这些计算中包含的相应数据。[④]

---

① 加权碳浓度是由国际 TCFD 气候报告框架推荐的指标。
② 即便市场价值与生产量没有直接联系,但它还是比净销售额波动更大。因此,碳浓度的变化未必能反映出生产效率的变化。
③ 在法律要求计算碳足迹的国家(如伦敦证券交易所的主要清单所示)中,只有第一类排放或/和第二类排放是强制性的。供应链上的数据质量和数据可用性仍然对第三类排放构成挑战。
④ 第一类排放和第二类排放可能足够了,但它们没有提供一个全面的概述。当第三类排放很重要时,最好逐个案件进行评估。越来越多地使用购买的服务和外包,也会将排放量"外包"给第三类排放。一些商业服务机构的报告中,除了包括温室气体核算体系之外的直接排放和化石排放以外,还包括由生物质燃烧产生的生物源排放。例如,纳入生物源排放对林业企业的碳浓度数据有重大影响,但没有考虑到原材料是可再生的,且木材在生长期内从大气中吸收了碳(这被称为碳汇效应)。

投资者最常用的碳浓度数据仅包括企业经营对气候负面影响的信息。然而，实际上，许多企业也会对其客户的温室气体排放量（碳足迹）产生积极影响。例如，通过更详细的研究我们发现，由于对一家太阳能电池板企业进行了巨额投资，科技行业里的一家可持续发展基金的碳浓度特别高。由于碳浓度数据中已包含了由太阳能电池板制造商产生的大量排放，所以直到客户的排放量因此而下降，在使用电池板期间产生的气候影响才得以显现。因此，这部分气候影响并没有包含在计算范围内。所以说，对不同的情况逐一进行评估是很重要的。

碳浓度数据并不能直接反映企业在排放交易计划和碳税导致的成本增加中的风险敞口。排放定价也受到政治决策的影响。例如，在企业的业务所在国中，哪些国家设立了排放交易计划①、该计划涵盖了哪些行业、企业是否得到了由排放交易产生的成本补偿等。除此之外，当一些企业可以将不断增长的煤炭成本转移给客户（如通过电价上涨的方式）时，市场会发挥作用，最终决定谁将为排放埋单。换句话说，在评估排放配额的价格变化时，碳浓度数据并不能直接说明问题。由于各企业通常不会在它们的报告中特别说明其排放量在排放交易计划中所占的比例，所以这一分析变得更为复杂。

绿色或褐色风险敞口

基于清洁燃料（绿色）和化石燃料（褐色）的使用情况，有一些指标可以显示出各企业在经营和技术上的大致情况。此类指标通常用于特定行业企业的比较，如电力企业的能源分布（可再生能源或化石能源的来源）、汽车制造商的技术（是以内燃机驱动、电力驱动为主，还是混合动力驱动为主）、材料企业使用的化石燃料（油气钻探、以煤为主的采矿作业、化石燃料地下储量）。

---

① 例如，欧盟排放交易涵盖了当地产生的45%左右的温室气体排放。排放交易系统之间在覆盖面（包括哪些行业）和定价（配额价格不同，发放给各企业的免费配额数量也不同）等方面存在着地区差异。

有关绿色或褐色风险敞口的信息可以用于分析风险和机遇，识别符合投资者观点的投资，排除某些企业（如煤炭生产商和用户），监测投资者设定目标的实现情况（如可再生能源比例的变化）。

投资者需要认识到，商业服务机构收集的所有信息并非都来自各企业的报告。相反，一些信息是基于建模和调整而获得的。例如，一些电力企业仅报告了它们在自己的生产工厂使用的符合财务报告要求的能源。然而，就环境数据而言，许多投资者还希望能够在数据中看到部分持股企业使用的能源。商业服务机构需要评估这些合并后的数字，这可能会导致商业服务机构之间出现不同解释。

可持续发展解决方案的框架

在业务运营中，投资者试图找到在与可持续性和全球挑战有关的机会中受益的投资，并为创造更清洁、更可持续的世界提供资金，使其成为营利性投资活动的一部分。联合国可持续发展目标被用作确定可持续发展解决方案的框架。

该目标包括 2030 年需要实现的 17 个目标和 169 个子目标。这些目标涉及社会中广泛存在的各类问题，需要由政府、企业和其他运营商共同解决。可持续性分析商业服务机构已经尽可能从投资的角度解释了与这些目标有关的机会。例如：

- "健康和福祉"（目标三）：作为一项投资，这可能意味着一家医药企业把开发和生产用于全球重大疾病的药物作为其业务经营的一部分。
- "气候行动"（目标十三）：作为一项投资，这可能意味着企业应研发可再生能源技术并向客户提供节能产品和服务。

迄今为止，仅有几家企业单独报告了与可持续发展解决方案相关的净销售额或数字目标份额。可持续性分析商业服务机构已经开发了与可持续发展目标相关的净销售额数据建模方法。此类数据库可以帮助投资者筛选潜在投资，比较各企业间的可持续发展相对份额，并监测其投资中的可持续发展解决方案的占比。[1]

到目前为止，在某种意义上，一些可持续性分析工具的作用是有限的，它们仅描述了净销售额，而不是企业在投资时对可持续发展的实际影响。为此，一些投资者开发了自己的工具来量化和报告投资的可持续性影响。

可持续性评级

投资者可以获得综合各种视角的广泛可持续性评级。它们通常由与被评级企业所在行业相关的重要主题子类别组成，例如水风险管理、原材料的可持续采购、员工关系等。

除了综合性的可持续性评级以外，投资者还可以获得个别主题和行业的评级，如针对气候影响、人权、鱼类和肉类生产的特定企业的评级。

违反国际规范

许多欧洲的投资者都会要求其投资对象解决存在的任何可持续性问题，特别是那些违反了《全球契约》倡议的情形，包括有关人权和劳工权利以及防止

---

[1] 可持续投资调查中报告了可持续发展投资所占的比例：从得到投资者广泛支持的负责任投资原则和涉及主要机构投资者的资产所有者披露项目等部分可略知一二。该指标的标准化定义正在进行中，每个投资者目前都可以自行决定哪些解决方案是可持续发展解决方案，可持续发展投资的标准是什么（如投资对象的业务经营与可持续发展目标的关联程度），以及积极影响的显著程度。

环境破坏和大规模腐败的基本国际规范。

企业存在的可持续性问题，通常是在媒体和非政府组织的报告公之于众后才被知晓。许多可疑案例最终没有通过官方机构（如经合组织的国家联络点）的调查，[①]因此投资者必须评估哪些案例特别严重。可持续性分析商业服务机构可以帮助投资者识别出那些违反了国际规范的案例，同时帮助投资者确定案例的严重性。

由于国际法准则是各国间的协议，因此在制定时并未考虑到投资分析时参考的情况。出于这一原因，商业服务机构和投资者必须审慎地确定在何种情况下可以认为企业对违反国际规范负有责任。也就是说，哪些指控足够可信，企业在何种情况下需要对价值链中其他运营商（尤其是供应商、分包商或消费者）造成的影响负有责任。不同的商业服务机构可能对相同的案例有不同的解释，而投资者也可能得出不同的结论。

在评估违反国际规范的行为时，有一个问题存在多种解释，它与融资者的责任问题相关。一般的业务融资通常不会被视为违反了国际规范，因为贷款针对的是企业的整体业务，而不是个别有争议的项目。但对于个别不符合相关要求的融资项目，银行可能需要对其负责。至于其他形式的融资，投资者和商业服务机构对于个别案例和融资者的责任可能有不同的解释。

必须确定每个运营商的责任，从而确定有哪些企业违反了国际规范。商业服务机构通常会确定特定的所有权份额，以限制由各集团企业对另一家企业引起的问题的责任。此外，对产品的责任通常不会随着产品的销售而结束，因为如果制造商出于某种目的生产商品而违反了国际规范，那么在某种程度上，它们也可能被追究责任。

---

① 通常由全国联络点来调查各方举报的案例。

对企业所做出的改进进行评估特别重要,尤其是在确定何时发展已足够充分,以及企业何时不再对违反国际规范负责时。一些商业服务机构会密切监测相关企业实施改进的细节,而另一些商业服务机构可能会更多地依赖官方决定,等待经合组织的国家联络点就任何违反指示的情况是否得到解决等提出指导意见。

除此之外,还有一些商业服务机构会对有关投资对象所需的帮助和其中存在的机遇进行评估,而后给出建议,对后续投资者与其合作的进程以及采取的发展措施等进行定期报告。

环境成本

企业经营的环境成本,如自然资源消耗、对环境造成的负面影响,通常由社会承担一部分。这种影响被称为外部性。① 此外,环境破坏可能导致法律诉讼,在这种情况下,企业事后必须赔偿损失。

很少有企业以货币形式全面报告其经营活动的负面影响。要大致建立这些数据的模型,就必须将特定企业的数据与预估的社会成本相结合。例如,可以将企业经营造成的空气污染(颗粒物排放)数据与相关的医疗保健成本相结合。然而,证明某"果"是由单个企业的外部性"因"造成的,这在实践中很少见(例如附近居民的哮喘是由个别企业的排放引起的),国家可能会承担与公共卫生相关的成本。对外部性的评估往往基于大量的假设,这些假设又受到业务所在国生活水平的影响,因此,类似外部性的价格也可能因国家而异。

在分析中,投资者可以将环境成本与各企业的关键财务数据(如净销售额

---

① 外部性是指金融活动对与金融活动不直接相关的第三方的积极或消极影响。

和息税折旧及摊销前利润[①]）相比较，来评估与业务经营相关的风险。在解释结果时，重要的是评估该企业在未来必须承担的、相较于运营带来的负面环境影响更多的成本。

[①] 息税折旧及摊销前利润即未计利息、税项、折旧及摊销前的利润（earning before interest, taxes, depreciation and amortization，EBITDA）。EBITDA 被私人企业广泛使用，用以计算企业经营业绩。——编者注

|北欧可持续投资实战案例|
荷兰养老基金致力于投资提供可持续解决方案的企业

背景信息

荷兰养老基金（PGGM）管理着约 2 460 亿欧元的资产。PGGM 是其最大客户 PFZW 的内部资产管理机构。确定可持续发展目标的可持续解决方案的分类法是由荷兰养老金投资者 PGGM 和 APG 合作开发的。两家企业已在线共享了大部分工作，所以任何人都能通过这些成果来定义自己投资的积极影响。

该案例的描述基于对 PGGM 负责任投资高级顾问皮特·克洛普（Piet Klop）和罗吉尔·斯尼杰德维德（Rogier Snijdewind）的采访。他们都来自 PGGM 的负责任投资团队，该团队由 12 位专家组成。

PGGM 的经营目标之一是增加对提供与可持续发展目标有关的解决方案的企业的投资。斯尼杰德维德表示："PGGM 致力于推动攻克未来挑战所需的变革，并帮助我们的客户履行对受益人的长期义务。"

这项工作从确定 PGGM 当前投资组合中的哪些企业提供了可持续解决方案开始。PGGM 确定了投资于可持续解决方案的 4 个领域：气候变化、水资源短缺、粮食安全和医疗保健。为了增加在这些领域的投资，PGGM 创建了

第 5 章
运用可持续性分析工具评估各类投资

一个积极管理的子投资组合，目前已在大约 80 家企业投资了 30 多亿欧元（相当于 PGGM 上市股权投资的 5% 左右）。

要了解企业对所选的可持续发展目标做出了何种努力，人们需要进行大量的原始分析。克洛普表示："我们观察了来自明晟和富时罗素的可持续性解决方案以及我们能获得的其他任何信息来源（如公司网站）上披露的企业收入。起初，我们列出了许多可能有能力提供'解决方案'的企业。为了进一步缩小范围，我们设置了标准，要求符合我们所说的可持续性解决方案的企业，要么在 PGGM 关注的一个或多个领域创造至少 50% 的销售额，要么在一个或多个解决方案中占有大量的市场份额。第二个标准的重要性可以用西门子的例子来解释，西门子的风力涡轮机仅占企业收入的 10%，但西门子是世界上最大的风力涡轮机供应商。作为这一分析的结果，我们创建了一个约有 350 家企业的投资领域。"

与可持续解决方案分类法相关的决策如图 5-2 所示。图 5-3 为分类法的具体内容示例。

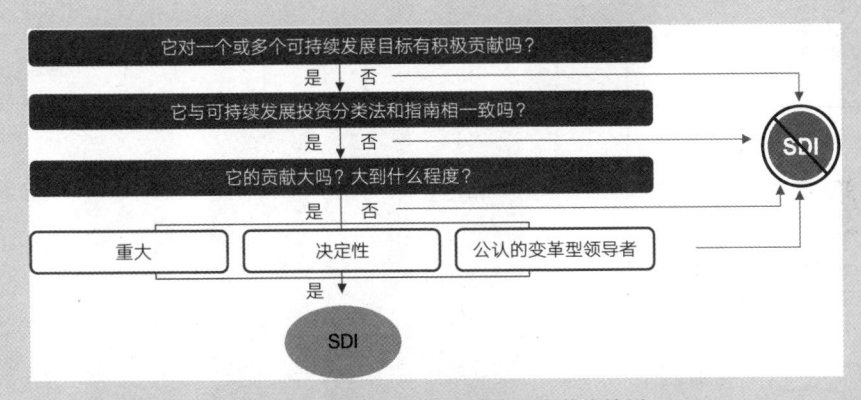

图 5-2 确定可持续解决方案投资的决策树

资料来源：PGGM 和 APG。

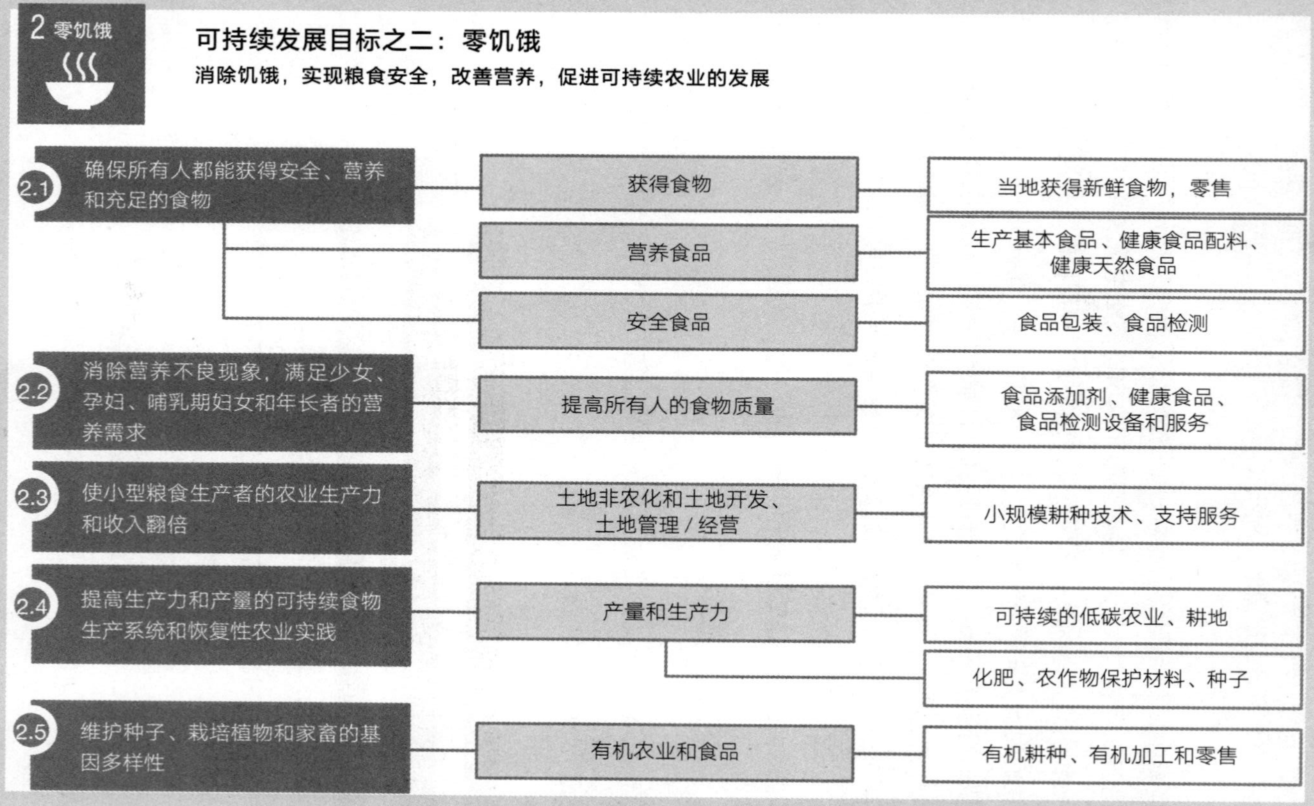

可持续发展目标之二：零饥饿

消除饥饿，实现粮食安全，改善营养，促进可持续农业的发展

目标	内容	分类	示例
2.1	确保所有人都能获得安全、营养和充足的食物	获得食物	当地获得新鲜食物、零售
		营养食品	生产基本食品、健康食品配料、健康天然食品
		安全食品	食品包装、食品检测
2.2	消除营养不良现象，满足少女、孕妇、哺乳期妇女和年长者的营养需求	提高所有人的食物质量	食品添加剂、健康食品、食品检测设备和服务
2.3	使小型粮食生产者的农业生产力和收入翻倍	土地非农化和土地开发、土地管理/经营	小规模耕种技术、支持服务
2.4	提高生产力和产量的可持续食物生产系统和恢复性农业实践	产量和生产力	可持续的低碳农业、耕地
			化肥、农作物保护材料、种子
2.5	维护种子、栽培植物和家畜的基因多样性	有机农业和食品	有机耕种、有机加工和零售

图 5-3 零饥饿的可持续发展分类法示例

资料来源：PGGM 和 APG。

估计纯收入风险敞口需要更多信息

PGGM 希望获得更多信息，而不仅仅是通过评估各企业对可持续发展的实际影响来估计纯收入风险敞口。然而，许多企业并未对外提供有关积极影响的信息。因此，PGGM 的外部基金经理与美国哈佛大学公共卫生学院、纽约市立大学和荷兰瓦格宁根大学合作，模拟特定企业可能会有的积极影响。这项工作提出了"转换系数"的概念，这样就可以根据销售数据来评估不同解决方案的影响。实际上，这意味着要考察一家风力涡轮机制造商，需要确定它们每单位收入可以避免的碳排放量。这个所谓的转换系数随后被用于估算可比企业的影响。

PGGM 如今能够衡量的影响因素包括节水、减排、增加的农业产量和获得（改善）医疗保健的患者数量等。这项工作是一个持续的过程。克洛普说："大约有 100 个不同的解决方案与我们的 4 个可持续解决方案的重点领域相关，而我们有其中 80 个解决方案的转换系数。我们的想法是继续改善这些转换系数，但目前也只能在一定程度上实现改善。要想进一步改善，就需要用到相对敏感的数据。"斯尼杰德维德补充说："除了采用这些衡量收入和影响的模型以外，我们还要求各企业自己衡量和报告它们的影响。通过衡量自身的影响，各企业可以调整其战略。这将把一个偶然结果的影响提升到各企业的战略性目标而非财务性目标上。"此外，PGGM 还鼓励各企业相互合作。斯尼杰德维德表示："在衡量自身的影响时，企业将从统一的方法中受益匪浅。这就是为什么我们致力于与被投资企业合作，请它们协作建立特定企业和整个行业的指标。协调各企业共同制定此类目标，整个行业将更有可能采用此类方法，从而提高可比性，并降低发生漂绿行为的风险。现在，我们在一些行业（如制药行业）已经率先看到了这种合作的良好迹象。"

评估企业对可持续性的净贡献是复杂的

选择投资对象时，你必须平衡一系列影响和可持续性因素。克洛普说："比如，如果你期待各企业能为粮食安全做出积极贡献，那么，这些企业很可能会使用大量的水资源。因此，投资者必须权衡积极影响和消极影响，以及下行风险。"另一个需要考虑的重要方面是，同样的产品和服务（如技术设备）可能不会在任何地方都被视为可持续发展的解决方案，它们的影响是由环境决定的。

例如，作为一种气候解决方案，风力发电的实际影响在法国和波兰之间是截然不同的。在法国，风力发电将取代核能；在波兰，风力发电将取代煤电。对医疗保健来说，情况就更加复杂了。任何医疗保健的改进都有助于实现可持续发展目标吗？还是说，只有在目前人们得不到医疗保健的国家才会如此？这两种情况可以参照芬兰和孟加拉国的做法。

制定和完善决策规则需要时间。克洛普说："你需要分别定义每一种解决方案。比如，在苏丹新修一条公路可能有助于实现可持续发展，但在瑞典就未必如此。"

SUSTAINABLE INVESTING
作者解读

根据 PGGM 的经验，我们得出结论：投资者可以雄心勃勃地与该领域的其他专家（如企业、研究机构和商业服务机构）合作开发新的分析方法，为无法使用工具的新状况进行建模和测量。开发这种模型的分析需要大量资源，但也可以推动整个领域向前发展。可持续发展的衡量是一个新的非结构化的话题，开始时需要使用系统化的方法（本案例中使用了决策树）。在此之后，各企业需要在不同的影响力指标上产生具有可比性的数据。因此，为了应对可持续发展的挑战，机构投资者的目标是在投资对象中寻找到能够提供积极的解决方案的那一类企业。

第 5 章
运用可持续性分析工具评估各类投资

北欧可持续投资实战案例
芬兰埃夫利银行通过可持续性分析工具实施和协调可持续投资

背景信息

芬兰埃夫利银行通过 28 只基金管理着约 130 亿欧元的投资资产。本案例内容是基于对埃夫利银行的可持续发展主管欧蒂·赫莱纽斯（Outi Helenius）的采访。本案例描述并讨论了基金报告应有的内容、埃夫利银行的第一版可持续性分析工具，以及该工具自引入以来的进一步发展。本案例在描述中提到了从事所谓基本面分析的埃夫利基金，它根据对特定企业的分析来确定投资对象。埃夫利银行还拥有要素基金，其投资理念是通过同类最佳筛选法、气候相关指标和排除法，将某些要素与系统的可持续性做法相结合。这些基金也在使用与本章讨论中相同的可持续性数据。①

2015 年，埃夫利银行为投资组合经理设定了一个目标，即在与股票和公司债券有关的投资过程中要考虑可持续性因素。想要实现这一目标，该银行认为，对投资组合经理来说，至关重要的是能够轻易获得可持续性信息。为此，该银行开发了一种将可持续性信息与基金持有量相结合的工具。

---

① 要素基金的投资对象不包括煤矿企业，也不包括排放量居于世界前 2% 的企业，以及各行业碳浓度排名前 25% 的企业。

埃夫利银行通过量化分析师、投资组合经理和可持续投资负责人之间的合作，设计并实施了一种可持续性分析工具。据赫莱纽斯称，这种可持续性分析工具是为投资组合经理设计的，因此，他们应当分享自己认为重要的可持续性因素。

可持续性分析工具为投资组合经理和客户收集关键数据

可持续性分析工具可以帮助投资组合经理快速了解某家企业资金的可持续性情况。此外，这家企业通常会在网站上发布针对可持续性信息的特定基金报告。换言之，投资组合经理在公开的可持续发展报告（见图5-4、图5-5）上看到的信息与在工具中获得的信息相同。除此之外，网站上还有一些更详细的特定企业信息。

埃夫利银行的可持续性分析工具使用的是从明晟获得的可持续性数据。这些数据包括有关企业可持续性评级的信息、任何有争议的部门在该企业净销售额中所占的份额，以及有关可持续发展问题的信息。根据明晟提供的数据，埃夫利银行对各企业的可持续性评级以及任何违反国际规范的企业进行了颜色编码。例如，根据《全球契约》原则，编码颜色为绿色表示合格，红色表示不合格，黄色则表示被列入了明晟观察名单。

可持续性分析工具包含有关企业的可持续性和潜在问题的信息

该工具使埃夫利银行的投资组合经理能够从各个方面审视基金的可持续性情况。

在特定行业评级方面，该工具显示了基金投资的行业分布情况，以及根据行业选择的各企业的可持续性评级（见图5-6）。

第 5 章
运用可持续性分析工具评估各类投资

在有关可持续性和潜在问题的特定企业信息方面，该工具包括有关可持续性评级和与企业运营有关的任何问题的特定企业信息，有关气候影响管理的特定主题信息，以及任何雇用童工的情况（见表 5-2）。此外，投资组合经理还可以获得有关基础评级信息的更多解释。

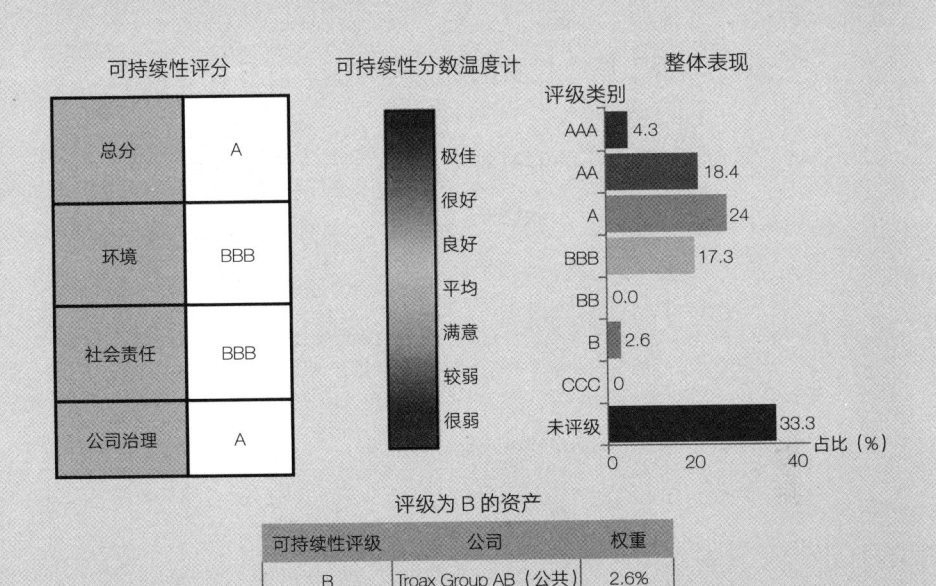

可持续性评分	
总分	A
环境	BBB
社会责任	BBB
公司治理	A

可持续性分数温度计：极佳、很好、良好、平均、满意、较弱、很弱

整体表现

评级类别	占比（%）
AAA	4.3
AA	18.4
A	24
BBB	17.3
BB	0.0
B	2.6
CCC	0
未评级	33.3

评级为 B 的资产

可持续性评级	公司	权重
B	Troax Group AB（公共）	2.6%

图 5-4　2018 年 9 月 3 日埃夫利银行所持的瑞典小盘基金可持续性概况

注：1. 该基金的可持续性评分是明晟的可持续性评级的市值加权平均值。基金标的企业的可持续性评级衡量和分析的是各企业因环境、社会和公司治理问题而产生的重大行业风险和机遇。特定企业的可持续性评级是对各行业重大的可持续性因素的加权平均值。根据各企业所处的行业，其评级从最佳（AAA）到最差（CCC）不等。特定主题评级（环境、社会、公司治理）反映了各企业在相关领域获得评级的加权平均值，这些评级将影响各企业在可持续性评级方面的总体得分。
2. 经 MSCI ESG Research LLC（以下简称"ESG 公司"）许可转载，版权归 ESG 公司所有。本书中所用的可持续性数据是 ESG 公司的财产。ESG 公司、其附属公司和信息提供商对任何此类数据不做任何保证。本书中所用的可持续性数据未经 ESG 公司的明确书面许可，不得进一步使用、分发或传播。
3. 埃夫利银行网站提供了相关基金的可持续发展报告的访问权限。报告中包括基金的可持续性评级、基金分配和根据遵守《全球契约》原则的程度对基金进行的分类。基金投资中有关可持续性的更详细信息，如按行业分配基金，以及个人投资的可持续性评分和有关可持续性问题的注释，仅能从埃夫利银行的可持续性团队处获得。

占比（%） a.《全球契约》的遵守情况

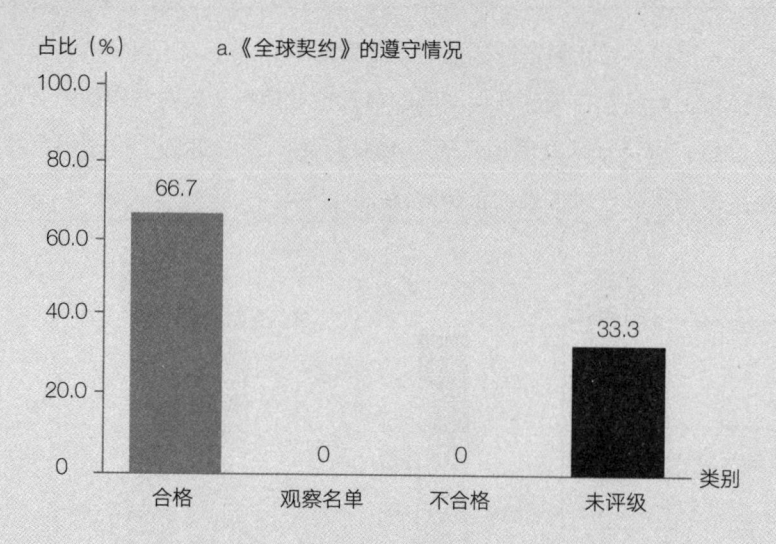

- 合格: 66.7
- 观察名单: 0
- 不合格: 0
- 未评级: 33.3

注：该分类表明基金的投资对象是否遵守了规范企业履行社会责任的《全球契约》原则。这些原则基于的是联合国《世界人权宣言》《国际劳工组织关于工作中基本原则和权利宣言》《里约环境与发展宣言》《联合国反腐败公约》。

占比（%） b. 可持续性问题的严重情况

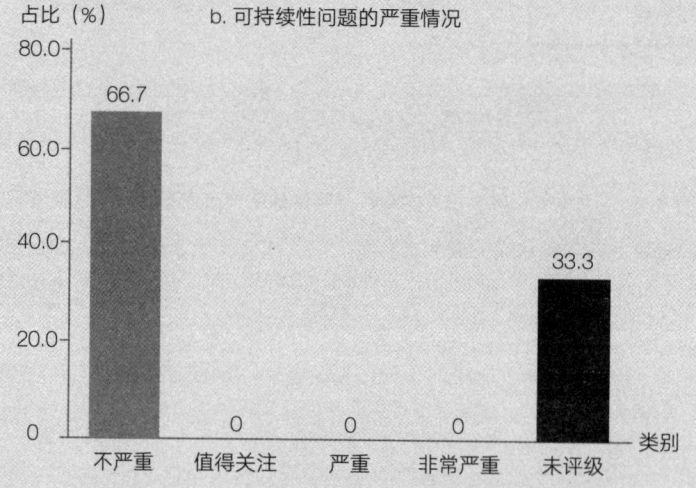

- 不严重: 66.7
- 值得关注: 0
- 严重: 0
- 非常严重: 0
- 未评级: 33.3

图 5-5 2018 年 9 月 3 日埃夫利银行所持的小盘基金遵守《全球契约》的情况及可持续性问题的严重情况概览

注：可持续性问题的筛选表明基金的投资对象是否存在与其经营或产品相关的争议，以及描述的争议对社会或环境影响的严重程度。

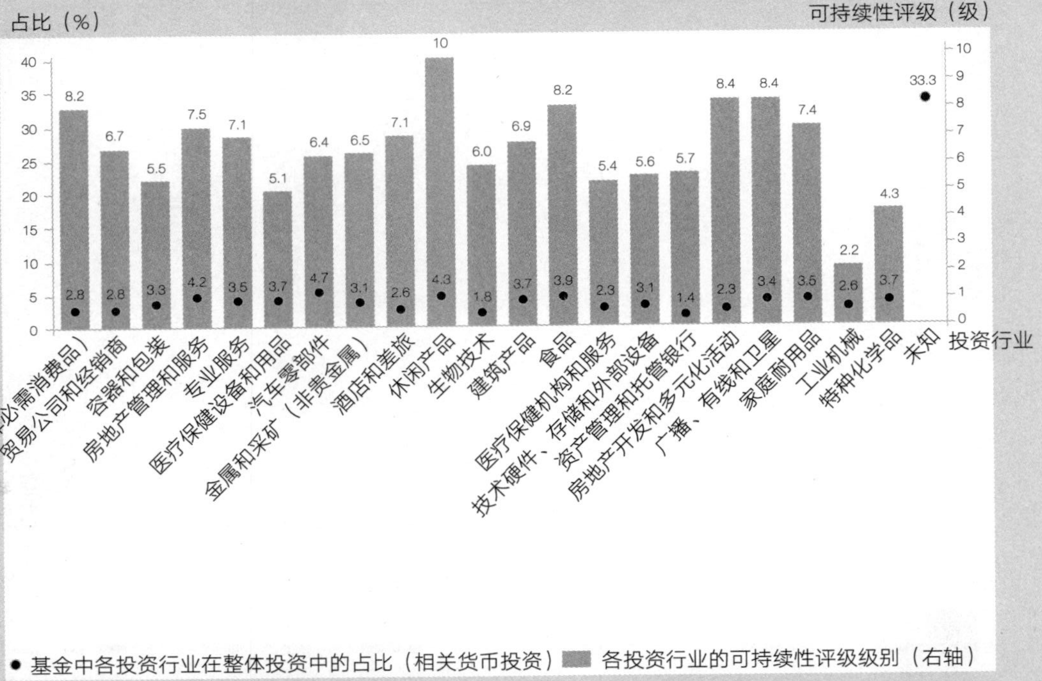

第 5 章
运用可持续性分析工具评估各类投资

图 5-6 投资对象的行业分布和可持续性评级（2018 年 9 月 3 日，埃夫利银行所持小盘基金情况）

- ● 基金中各投资行业在整体投资中的占比（相关货币投资）
- ▇ 各投资行业的可持续评级级别

注：1. 各柱形的上方显示了投资对象的平均可持续行业可持续性评级（1～10 级）。该评级基于该行业十分重要的可持续性领域的业绩、风险和机遇。该工具还显示了不同行业的投资在该基金所有投资中所占的权重（以货币金额衡量）。
2. 经 ESG 公司许可转载，版权归 ESG 公司所有。

123

表5-2 投资对象的行业分布和特定行业的可持续性评级（2018年9月3日，埃夫利银行所持小盘股基金情况）

行业	可持续性评级（级）	AAA级占比(%)	AA级占比(%)	A级占比(%)	BBB级占比(%)	BB级占比(%)	B级占比(%)	CCC级占比(%)	未评级占比(%)	各投资行业在整体投资中占比(%)
零售（非必需消费品）	8.2		2.8							2.8
贸易公司和经销商	6.7			2.8						2.8
容器和包装	5.5				3.3					3.3
房地产管理和服务	7.5		2.5	1.8						4.2
专业服务	7.1			3.5						3.5
医疗保健设备和用品	5.1				3.7					3.7
汽车零部件	6.4			4.7						4.7
金属和采矿（非贵金属）	6.5			3.1						3.1
酒店和差旅	7.1			2.6						2.6
休闲产品	10.0	4.3								4.3
生物技术	6.0			1.8						1.8
建筑产品	6.9			3.7						3.7
食品	8.2		3.9							3.9
医疗保健机构和服务	5.4				2.3					2.3
技术硬件、存储和外部设备	5.6				3.0					3.1

第 5 章 运用可持续性分析工具评估各类投资

续表

行业	可持续性评级(级)	AAA级占比(%)	AA级占比(%)	A级占比(%)	BBB级占比(%)	BB级占比(%)	B级占比(%)	CCC级占比(%)	未评级占比(%)	各投资行业在整体投资中占比(%)
资产管理和托管银行	5.7				1.4					1.4
房地产开发和多元化活动	8.4		2.3							2.3
广播、有线和卫星	8.4		3.4							3.4
家庭耐用品	7.4			3.5						3.5
工业机械	2.2						2.6			2.6
特种化学品	4.3				3.6					3.7
未知	—								33.3	33.3
总占比(%)	—	4.3	18.4	24.0	17.3	0	2.6	0	33.3	100.0

注: 1. 除了图 5-6 提供的数据,表 5-2 还给出了特定行业相关的可持续性评级,以字母表示。与数值不同,从 CCC 到 AAA 的评级是根据行业划分的,以这种方式来评级,每个行业都有评级。也有评级低的企业,以字母级别表示可持续性相关的可持续性评级高的企业,也有评级低的企业,以及内部使用的工具版本中,还提供了用于基金投资的针对特定投资的评级,也包括 ESG 特定主题的可持续性评分,以及关于评级最后更新的时间等信息。与此同时,该工具还对各家企业的任何被发现的违反国际规范的行为,以及不算严重的可持续性问题进行了详细描述。此外,作为特定主题,埃夫利银行在可持续工具中还纳入了与童工和气候影响相关的任何特定企业问题的信息。通过在线门户网站可以获得特定企业全面的可持续发展报告。

2. 经 ESG 公司许可转载,版权归 ESG 公司所有。

赫莱纽斯声称："由于该工具中包含了特定企业的信息，我们的投资组合经理就能得知为什么某家企业的评级很低，或者某些违反了《全球契约》原则的行为具体涉及哪些方面，这样，就可以在做出投资决策时使用这些信息。"

在争议性操作方面，该工具还为投资组合经理提供了有关各种争议性产品和服务的广泛信息，如基金投资的企业中是否至少有一部分净销售额来源于所谓的争议性业务（如烟草、酒精和武器）。

如果需要从该基金中排除任何争议性业务（如企业净销售额的 20% 来源于与酒精相关的业务），这些信息还可以为净销售额设定一个限额。

可持续投资的过程是围绕分析工具建立的

根据埃夫利银行的经验，综合的可持续性数据和可持续性分析工具的使用提高了运营效率。例如，它们帮助企业锁定了分析资源，同时使投资组合经理能够立刻发现为什么特定投资的可持续性评级很低。埃夫利银行的可持续投资团队每季度都会审查与各基金相关的可持续发展信息。例如，根据商业服务机构的解释，监测有时会帮助它们发现一些违反国际规范的企业。在这种情况下，投资组合经理应向可持续投资团队解释，他们为什么投资了有问题的企业，以及他们对涉嫌违规行为的看法。

埃夫利银行的可持续投资团队负责处理各企业违反国际规范的行为，该团队需要对案例和投资组合经理陈述的投资理由进行评估。可持续投资团队可以决定启用参与合作的措施，或要求投资组合经理撤资。埃夫利银行还有一个可持续投资执行小组，该小组大约每 3 个月开一次会，由其确定与埃夫利银行的负责任投资有关的原则和惯例。执行小组由首席执行官、首席投资官和以下部门的负责人组成：法律、风险管理和合规部，机构客户部，私人客户部，股权部，固定收益部，全权委托部等。执行小组没有指定的主席，所有决策都是共同做出的，必要时可以投票决定。

赫莱纽斯强调了内部和外部监测的重要性："由于处理违反国际规范行为的过程结合了在线公开报道，投资组合经理能更好地了解投资对象的可持续性情况，并在做出投资决策时加以考虑。"在可持续投资团队处理该问题之前，如果在更广泛的评估中发现风险开始显得特别高，投资组合经理也可以出售所持企业股份。

除了处理违反国际规范的行为之外，埃夫利银行的可持续投资团队还会定期审查基金的可持续性评分，并将这些评分与用于监测回报的基准指数的可持续性评分相对比。这样就有可能评估投资组合经理从潜在投资中选择的企业平均评级是高还是低。

可持续投资团队还比较了埃夫利银行投资的各基金之间的可持续性评级情况。赫莱纽斯表示："比较基金之间的可持续性，不如比较基金的评级与指数有意义。投资于新兴市场的基金，其可持续性评级相对较低，比如在新兴市场中经营的企业在明晟的评估中得分往往较低，因为它们涉及了较高的可持续性风险。因此，我们不能要求新兴市场基金与其他基金的可持续性评级一样好。"

埃夫利银行的可持续投资团队通常会审查总体评级，而后对评分较低的企业逐个进行评估。然而，埃夫利银行尚未形成处理得分较低的投资的标准，因为得分较低的企业也许已经致力于改善有关可持续性的流程和实践。也就是说，这些企业当前的可持续性评级并不能真正反映它们未来在可持续性方面的前景。因此，投资组合经理负责在做出投资决策之前评估潜在投资的可持续性。

可持续性分析需要多种信息来源

对埃夫利银行而言，可持续性分析工具为推动可持续投资进程提供了基础，但它并不是可持续性分析的唯一信息来源。对企业的投资团队来说，在投资决策中使用可持续性评级是自愿的，投资组合经理也可以自行使用其他渠道的信息，最重要的是要考虑到可持续性问题。

赫莱纽斯这样描述了可持续性数据库的作用：

> 单靠可持续性数据库不足以完成可持续性分析的全部工作，因为我们不能指望这些数据完全准确。这是一种相对机械的评估投资方法，它关注的主要是风险和历史数据。投资组合经理也会使用他们认为合适的其他渠道的信息，如银行提供的传统投资分析和媒体报道。另外，与各企业的直接讨论也可以为投资组合经理提供该企业更全面的基本概况。

特定企业的评级并不适用于所有投资，但即便在这种情况下，投资组合经理也有必要研究其可持续性。用于评估的资料来源因投资组合经理而异。埃夫利银行持有的瑞典小盘基金的投资组合经理说，与他们合作的商业服务机构是彭博投资信息服务，其数据源自企业的可持续发展报告和一些可持续性数据提供商收集的数据。可持续性情况是投资组合经理进行定量评估和定性评估的一部分。

除了使用可持续性分析工具中包含的数据以外，埃夫利银行的可持续投资团队还为所持的基金监测了某些气候变化指标，如投资的碳浓度、碳收入在企业净销售额中所占的比例、可能的化石储备持有量，以及低碳评级等。

下面的例子说明了可持续性分析的模糊性。它涉及的是一家参与全球建设项目的欧洲基建企业。

> 埃夫利银行使用的可持续性商业服务机构指出，该企业在埃塞俄

比亚的水电站建设项目中，没有遵守《全球契约》原则。

该企业建造的水电站由一家埃塞俄比亚的国有电力公司管理。一个国际非政府组织向经合组织投诉了这家基建企业的运营问题。该组织称，这家基建企业涉嫌违反经合组织的《跨国公司行为准则》问题。据投诉称，水电站投入运营后，河水不再像以前那样时常泛滥。但水位的变化意味着人们不可能再像土著居民那样耕种沿河的土地。由于投诉的原因，该企业在可持续性分析工具中被降为最低级别，即违反了国际规范。

埃夫利银行的可持续投资团队评估了这一案例，并决定与该企业取得联系。后来，埃夫利银行与该企业的讨论进展顺利。经过电话和电子邮件交流，该企业向埃夫利银行提供了与本案例相关的且已向经合组织提交了的所有文件，证明它已按照经合组织的准则进行了环境影响评估。该企业还解释说，他们已在水电站安装了分水闸门，这样即可对河水的水位进行管理。

埃夫利银行认为，该基建企业不应该对水电站经营者未使用分水闸门负责，因此决定批准这项投资。

在研究了本案例 18 个月后，该企业所在地的经合组织法庭对本案例做出了与埃夫利银行同样的解释，并免除了该企业的责任。又过了一年，商业服务机构也得出了同样的结论，该企业的不合规运营记录从可持续性分析工具的数据中删除了。

埃夫利银行也注意到，并不是所有的可持续性商业服务机构都认为这家基建企业违反了国际规范。这说明这些案例存在很大的解释空间。这对于埃夫利银行而言是一项挑战，因为有些机构客户会使用不同的商业服务机构，这些商业服务机构偶尔会强调违反国际规范的案例，而在埃夫利银行使用的分析中却没有发现这些行为。

此外，埃夫利银行可以就违反国际规范的行为进行调查，客户已经提供了可靠的信息。然而，在埃夫利银行的可持续性分析工具中无法找到这些企业，因为该工具仅仅是基于埃夫利银行所使用的商业服务机构的数据库。

选择可持续性商业服务机构的标准不仅包括质量，同时也应包括实用性，如数据覆盖范围与埃夫利银行投资的相关性，以及以便于内部使用和客户报告的格式呈现的数据。

将未来气候变化因素纳入可持续性分析工具

在第一阶段，埃夫利银行的基金专用工具是基于 Excel 的格式创建的，仅包括该基金当前投资的信息。自 2017 年推出以来，该工具得到了进一步完善。工具中所包含的数据已经导入投资组合经理的系统中，投资组合经理可以在评估潜在投资时，在同一个系统中浏览相关投资对象的可持续性评级，这样就能够实时排除不符合可持续投资的相关投资对象。

2020 年，可持续性分析工具实现了全面更新，并转换到了 PowerBI 的分析程序中。其中的一项改进是纳入了每只基金的基准指数可持续性信息，这样投资组合经理就可以更好地将数据与基准相对比。与此同时，明晟以气候为重点的可持续性数据和与争议相关的数据也已从另一家可持续性数据提供商 ISS ESG 处购买。这两个数据集都被纳入新工具中。

赫莱纽斯表示："我希望投资组合经理能够评估投资对象在全球平均升温 1.5 摄氏度的情况下表现如何。单个指标（如碳足迹、碳收入在净销售额中所占的比例以及企业持有的化石储量）并没有说明这一点。"

SUSTAINABLE INVESTING
作者解读

　　埃夫利银行的案例表明，即便只是一家拥有合理人力资源的芬兰投资机构，也能在投资组合管理和投资决策方面实施和协调可持续投资。在较小的投资机构中，有效锁定分析资源是很重要的。埃夫利银行开发了一个相对简单且可视的模型，投资经理可基于自己的目的使用这个模型。这样，投资组合经理就可以在日常经营中考虑投资机构的可持续投资战略。该模型为可持续发展团队节省了时间，因为投资组合经理能够立刻发现影响企业可持续性评级的最常见原因，在讨论时可以进行更深入的评估。

　　此外，投资机构网站上的公开信息也可以帮助客户研究与基金有关的可持续性信息。

前瞻性可持续性分析工具

为了识别未来特定企业的气候风险和机会，了解在企业的战略和业务经营中考虑了多少气候变化因素是至关重要的。迄今为止，侧重于未来气候风险和机遇的特定企业分析最适用于某些受气候影响较大的行业，如电力行业、水泥制造行业、林业、采矿业，以及化工行业。在对这些行业进行评估时，应尤其关注企业在气候变化上的应对举措，以及相关的企业运营环境和要求的变化。这些报告还提供了一些由气候变化引起的具体变化信息，如与充足供水有关的风险。

气候情景

气候情景可以用来模拟未来的气候概况和投资风险。建立情景模型，可以帮助投资者大致了解投资对未来气候的影响和限制气候变化对投资企业的财务影响。目前，投资者可使用分析工具对环境影响建模。但即使在这一方面，也只有几个行业能提供先进的分析，主要包括电力行业、汽车工业、采矿业等。

模拟企业可能对环境产生影响的情景，是用于评估未来几年企业的业务经营将对气候产生怎样的影响，以及这些影响将如何反映在各种全球变暖的现象中的重要手段之一。也就是说，如果投资组合中的企业代表了整个行业的气候影响，那么，通过模型可以大致清楚全球气温将上升多少。该模型考虑了各企业的初始情况和已知投资，以及可能导致不同程度的全球变暖时出现不同情景的未来技术。

实际上，对环境影响的情景建模，意味着在审查时要将电力企业对各种能源的生产能力以及它们的已知投资，与国际能源协会（IEA）全球平均温度上升2摄氏度的情景相比较。该情景描述了未来几年，全球温度最多上升2摄氏度的情况下，世界各种能源的生产情况。当特定企业的信息与投资成

第 5 章
运用可持续性分析工具评估各类投资

比例时，就有可能大致估计出在未来某个时间点，这些投资是否与全球温度上升 2 摄氏度的目标相符。

分析使用了不同的时间视角，通常会至少关注未来 5 年的变化。实际上，情况一直在变化。比如，关闭的燃煤电厂可能比分析时已知的数量还多。政治决策和技术的快速发展可能显著改变企业的计划，但这种发展很难预测。投资者也可能改变他们持有的股份，即便分析工具没有考虑这一点。

在关注财务影响的情景中，重点是限制气候变化将如何影响投资的财务回报。例如，此类评估对所有企业的温室气体排放都使用一个特定的价格（即影子价格[①]，如每吨二氧化碳当量为 100 欧元），并研究价格如何影响投资回报。

建立投资的气候情景模型可以帮助投资者大致了解未来的投资气候概况，但使用的建模方法和初始数据因商业服务机构的不同而有所差异。到目前为止，商业服务机构仅考虑了技术、化石燃料来源和地理区域之间相对粗略的差异。然而，这些工具正在迅速发展，它们的使用可能已经成为其他信息来源的有利补充。

近年来，除了使用常见的可持续性评级和分析工具，投资者也采用了其他的可持续性分析工具。使用多方数据，可以让投资者认识到，在可持续性分析中，仅仅评估企业在经营过程中产生的风险和影响是不够的。未来的经营状况还会受到开发成本和可持续性趋势的影响，如讨论最多的气候变化，而这与企业无关。

[①] 影子价格又称最优计划价格或计算价格。它是指依据一定原则确定的，能够反映投入物和产出物真实的经济价值，反映市场的供求状况，反映资源的稀缺程度、使资源得到合理配置的价格。——编者注

SUSTAINABLE INVESTING
可持续洞察

沙恩·卓别林
(Shane Chaplin)

Swedbank Robur 可持续发展分析师（投资资产约为 1 000 亿欧元）

在 Swedbank Robur，我们在可持续性分析中对企业进行了全面分析，我们综合考虑了一系列重要方面，包括它们之间的联系，以及它们对业务经营的总体影响。此外，投资组合管理涉及对未来的预测，我们可以通过检查企业前进的方向和进程，获知更多有关未来的信息。就这一分析模型而言，我们会出现像气候变化一类的超权重方面，或者发生由新冠疫情引起的不可预料的快速变化，这些变化是具有挑战性的。不同的分析方法会导致截然不同的结论。例如，在气候方面，投资者会因为一家钢铁生产企业的高碳排放量而惩罚它，还是会因为这家企业提供了一流的可持续产品和低碳研发承诺而支持它？

我们认为，为了做出正确的决策，投资者应当综合考虑产品、资本支出、发展势头和组织保障等方面，而不是采取筒仓式方法（silo approach），将投资决策仅仅建立在对单个数据（如当前的碳排放量）的评估上。我们进行可持续分析的目的是考虑这些不同的方面，并给予它们应有的重视。

第6章

各类投资产品的可持续性评估

为了评估基金的可持续性,投资者通常会将基金所秉持的可持续性原则和实践与自己理想中的情况进行比较。在基金投资中,选择阶段尤其重要,因为在选好基金后,影响基金运作的机会就有限了。[①] 基金投资者通过投资决策、主动所有权投资法的运用、基金经理的能力、资源配置以及提交给投资者的报告等不同信息来评估某只基金的可持续性情况。

基金的可持续性评级

对某只基金的可持续性的评估,受到该基金是主动投资还是被动投资的影响。一只主动投资的基金可能会在投资决策中进行可持续性分析,而被动投资的基金则只有在选定指数(如是综合指数还是专注于可持续性发展的指数)时会进行可持续性分析。

无论是主动投资的基金,还是被动投资的基金,资产管理者都可以行使主

---

① 例外情况是个人投资者向资产管理公司进行授权。在这种情况下,即便在投资期间,投资者也有很大机会对资产管理施加影响。

动所有权。指数投资由贝莱德（BlackRock）等大型金融企业管理，这些企业通常在全球许多企业中持有大量股份，是多家企业的最大股东之一。出于这个原因，至少有一些以指数为基础进行投资的资产管理公司会通过股东大会及其他方式参与企业管理，成为主动所有者，行使主动所有权。

之所以强调主动所有权，是因为以指数为基础进行投资的资产管理公司通常是永久的所有者，它们的存在被称为"无法离婚的联姻"——你只能学会与对方相处。因此，资产管理公司受益于投资对象的可持续性和良好的公司治理。

将可持续性作为基金投资决策和可持续性评级的一部分

基金的可持续投资原则通常描述了基金应用的主要准则，如在投资决策中考虑可持续性因素以及排除法的标准。特定基金的可持续性评级可以用于评估其实际执行情况。

基金的可持续性评级是基于特定企业的可持续发展能力的评级。专门从事基金评估的晨星公司的基金可持续性评级，遵从了Sustainalytics的特定企业评级，而明晟的基金评级则是该商业服务机构自己对特定企业可持续性评级的总结。可持续性评级适用于商业服务机构拥有足够新的持股信息的基金，特定企业可持续性评级适用于持股比例足够大的基金。

与基准基金（如投资于欧洲大型企业的基金）相比，普通基金的可持续性评级提供了对基金中可持续性评级较高的投资数量的相对估计。此外，还有更详细的次级评级，可以用于审查某只基金是否能对拥有可持续发展解决方案或违反国际规范的企业进行投资。这种类型的对比可以帮助投资者更好地理解基金如何在实际中运用其投资原则。

基金评级背后的方法选择对评级结果有一定影响，这就是为什么说评级只具有指示性的作用。它们的主要优势在于提供了额外信息来支持基金选择，换言之，它们表明了可持续性分析实际上能对投资决策产生影响。**一般来说，我们可以假定，评级高的企业一般比评级低的企业能更好地管理可持续发展因素。因此，基金评级相对较好地（尽管略显粗糙）展现了投资者对所选企业的可持续发展能力的认定。**另外，评级也可以用作与基金资产管理公司讨论时的背景信息。

换言之，基金评级并不能反映一只基金所投资企业的可持续性以及与类似基金相比的全部实情。同一只基金，由不同的商业服务机构编写的基金评级可能出现不同的结果。投资者也有理由对企业的可持续性做出与基金评级背后的商业服务机构不同的解读。

基金评级描述了某只基金相对于基准组中其他基金的平均可持续性状况。在确定基准时，投资者可以使用自由裁量权，将多种基金纳入基准组中。此外，投资者还需要对基金评级中的结果进行调节，这样，同一个基准组中的不同基金就产生了差异。实际上，基金之间的差异可能是有限的，尤其是在小型市场，被投企业的可持续性差异非常小。

由于评级综合了各个方面，所以即便是专注于可持续发展的主题基金也可能评级较低。提供产品或服务以解决可持续性问题的企业（如专门从事清洁技术的企业）可以被纳入主题基金中，因为它的主营业务会产生积极影响。然而，同一家企业可能在自身运营或相关报告的可持续发展方面存在不足，这就是为什么它的评级可能不是特别好的原因。换句话说，总体评级不良并不能直接表明基金是否选择了与其主题相符的投资项目。

许多投资者都会试图影响他们的投资对象，以使其实现可持续发展。但如果投资者只研究基金的持仓情况，就很有可能会对违反国际规范的企业进行投资。尽管投资者表示，他们希望投资对象能遵守国际规则。然而，即便是在面临着挑战的企业中，投资者还是会试图促使其实现可持续发展并继续做这些企业的股东。由于在大多数情况下，基金的可持续性评级只是基于持股信息而做出的，因此，从对基金的评级中我们并不能看到该基金在所涉投资中的任何参与合作的相关情况。有关基金积极参与合作的信息可直接从管理基金的企业获得。

另外，还可以在负责任投资原则组织的网站上使用特定投资者的报告进行对比，[①]在这些报告中，签署方每年都会报告它们的可持续投资实践。比如，投资者会分别报告他们在股东大会上参与投票的程度，同时举例说明与各企业合作以促使其实现可持续发展的情况。

能力和资源评估

许多基金公司都表示，它们在选择投资对象时会考虑可持续性。投资者也想知道，谁在这方面比其他人做得更好，也就是谁特别擅长管理风险和识别机遇。仅根据可用的书面材料对此进行评估是很难的，因为与不同基金有关的原则和报告可能彼此类似。

在评估可持续性等级时，其中一个指标是参与可持续投资的人员数量及其在组织中的作用，以及在基金管理中使用的商业服务机构。此外，评估可持续性等级的一个好方法是获取基金公司对其投资对象的可持续性分析的案例，我们可以尽可能地具体分析那些由投资者选择的、在可持续性方面看起来特别有挑战性的企业。

---

① 可持续投资的特定投资者年度报告可以在对外公开的 PRI 官网上搜索。"直接上市股权"下的"主动所有权"模块报告了年度股东大会上的投票情况（委托投票的百分比）和报告期内参与合作的数量（参与的企业数、参与强度和努力程度）。

监测实施情况和进展

投资者可以利用资产管理公司编写的报告来监测可持续投资的实施和进展。最全面的报告提供了可持续主题及其实施情况、与基金公司有关的案例、参与的任何合作，以及基金公司在股东大会上的参与程度等信息。一些投资者还向他们的基金经理发起了年度追踪调查。

北欧可持续投资实战案例
芬兰 OP 金融集团每年监测外部基金的做法

背景信息

OP 资产管理公司是芬兰 OP 金融集团（以下简称"OP"）的一部分，管理着约 800 亿欧元的资产。OP 基金管理公司管理着 66 只 OP 基金。在这些基金中，有 10 只由外部合作伙伴管理。

OP 资产管理公司的排除和参与原则也适用于 OP 基金的外部管理者。此外，在 OP 客户的投资组合中，由外部资产管理公司管理着数百只基金。外部资产管理公司为客户提供了多种全球投资。该案例的描述基于对 OP 资深可持续发展专家艾琳娜·瑞塔（Elina Rinta）的采访。

OP 在投资前，通常会仔细评估基金经理的可持续投资方法。除了 OP 资产管理公司管理的基金，OP 还投资外部资产管理公司管理的基金。

OP 使用广泛的调查来评估基金的可持续性

在选择阶段以及进行年度监测时，OP 会调查资产管理公司在为客户管理资产时的可持续性做法。调查中，最重要的考察方面包括可持续性分析、将可持续性因素纳入投资决策、在股东大会上的投票及参与的合作。OP 还会询问外部资产管理公司在可持续投资、可持续性分析、可持续发展报告、风险管理和排除等方面的立场和原则。

OP 在最新的年度调查中集中讨论了欧盟的可持续金融监管政策。这样做的目的之一是检查外部资产管理公司是否已经开始为即将到来的变化做准备。调查还重点讨论了有关气候变化的问题，以审查基金经理的指标，以及基金对加速或减缓气候变化的行业风险的影响。这些问题是 OP 根据相关工作的优先级提出的，它会根据负责任投资原则组织在调查中有关基金这部分的内容进行一致性审查。在做出投资决策之前，OP 会对基金进行全面研究，包括基金管理公司的背景、所有权结构和资源配置。

OP 要求其经纪的所有主动股权和固定收益基金都开展一些可持续性实践，并于 2017 年确定了满足该要求的新基金投资的最低标准。考虑到基金管理公司的积极实践，OP 于 2020 年末提高了标准，将气候变化纳入其中。为了设定适当的标准，OP 还审查了前几年对基金管理公司调查时的答复，以确保标准足够进取，此举并非意在排除一大部分潜在的外部资产管理公司。

OP 的可持续发展专家按如下标准确定了每个问题的得分：

- 资产管理公司在所服务的企业股东大会上投票的范围越广，它在参与股东大会的投票一项的得分就越高。
- 使用商业服务机构来支持企业践行可持续发展，为可持续投资活动带来了可信度，因此使用商业服务机构可以得到更高分数。
- 定性的或可量化的可持续发展报告是践行可持续投资时不可或缺的一部分，因此，产出全面的可持续发展报告可以得到更高得分。

使用调查软件，OP 可以更高效地实施对基金管理公司的调查。该软件能够自动为基金经理打分并将结果汇编成表格（见图 6-1）。这些结果主要供 OP 内部使用，因为外部资产管理公司的回复不能转发给客户。

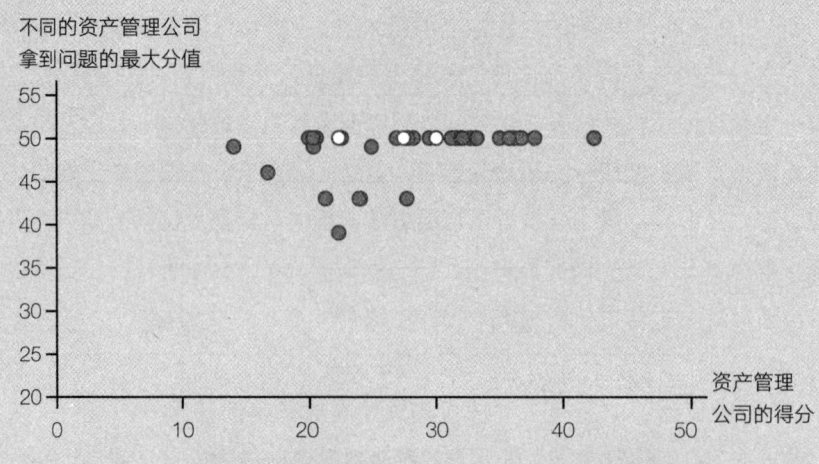

图 6-1　外部资产管理公司在 2018 年 OP 可持续性调查中的得分

注：这些圆点描述了资产管理公司在调查中的整体表现。标注白色圆点的资产管理公司对关键问题提供了较差的答案。OP 至少要在未来的 12 个月与这些外部资产公司进行接触，以便对其产生影响。

总的来说，这项调查涵盖了 27 家股权基金资产管理公司，101 家外部资产管理公司，包括负责管理房地产基金的资产管理公司。该调查中，不同企业的问题分值会根据资产类别的特点进行调整。例如，固定收益资产管理公司的最大分值低于股权资产管理公司，因为对于债务投资来说，它们在股东大会上无法进行投票。OP 会对各家资产管理公司的各自资产类别的最大分值进行评估。而最大分值是根据各种资产类别的上述前提条件确定的。

然而，这项调查并不全面。OP 负责筛选第三方基金的投资组合经理每年都会与资产管理公司会面，可持续发展专家也会与一些资产管理公司进行对话。艾琳娜·瑞塔表示："单靠调查并不能深入展开可持续性分析或深度参与合作。分析有很多等级。此外，有些资产管理公司对我们的调查回应得理直气壮，而有些则比较谨慎。因此，根据这些讨论，我们对资产管理公司的最终感知相比该调查提供的印象可能会更好或更差。该调查的得分是对可持续投资水平的指示性描述。我们认为，可持续性与基金的整体投资策略是分不开的。理解特定的投资策略涉及哪方面是至关重要的。"

企业分析的示例可能会在会议上进行审查，尽管如此，有时还是很难做到清晰准确的可持续性分析。瑞塔表示，与其他企业相比，有些资产管理公司为会议做了更充分的准备，它们能提供更好的分析示例。可持续性分析是传统投资分析的一部分，在基础投资组合管理中涉及大量的定性分析。因此，人们很难完全确定可持续性分析对投资决策的具体影响。当然，进行可持续性分析有多种方式，OP 并不要求每家企业都采用相同的方式。

与资产管理公司的会面和通话是推动其实现可持续投资的主要方式

OP 时常会鼓励资产管理公司进行可持续投资实践，尤其是在 OP 认为至关重要的领域。OP 会直接就这些基金的发展领域与资产管理公司进行沟通，并设定明确的目标，如将可持续投资原则写成书面材料等。

瑞塔描述了一次在与外部资产管理公司讨论时的情形："我们试图向外部资产管理公司证明，它们如何从将可持续性因素进一步融合到投资的过程中受益。我们也想听听，它们从其他投资者那里承受了怎样的压力。欧盟的可持续金融法规强调了金融业的重要性，勉励我们要成为推动经济实现可持续发展的主要力量。OP 在可持续性上与外部资产管理公司的合作，正是为了实现这一目标。"

瑞塔强调了促进资产管理公司实行可持续投资的重要性："通过我们的参与，我们在新兴市场中的一家资产管理公司成为该国《负责任投资原则》的首批签署方。当一家资产管理公司开始对该国企业提出可持续发展要求时，从长期看来，这可能会对该国企业产生巨大的'滚雪球'效应。"

OP 每年都会更新一次调查。瑞塔对调查的主要原则描述如下："外部基金管理公司会收到大量的可持续性调查，所以我们希望我们的调查要尽可能简洁。尽管不断增加问题是很容易的事，但我们还是要有一种专注于本质的能力。"

被动管理者有望促使投资对象实现可持续发展

OP 还利用外部资产管理公司进行某些被动投资，如指数基金和交易型开放式指数基金（ETF）等。主动所有权对 OP 来说至关重要，因为除了内部管理指数基金外，它还使用一般指数进行投资（多数都会根据可持续性特征来支持或排除投资）。假设所有其他标准都不重要，OP 更倾向于选择实践主动所有权的更可持续的 ETF 管理公司。对于指数基金，OP 会优先考虑促使投资对象实现可持续发展的基金管理公司。如果在年度监测中发现了不足，OP 会与这些管理公司沟通，帮助它们成为主动所有者。

SUSTAINABLE INVESTING
作者解读

OP 的案例表明，仅在芬兰进行可持续投资是不够的。OP 对其客户的可持续性承诺负责，甚至对通过作为其合作伙伴的国际资产管理公司进行的投资负责。为了评估这些合作伙伴的运营情况，OP 每年都会询问其资产管理公司进行可持续投资的主要做法，也就是实施可持续性分析并将其纳入投资决策，以及在股东大会上投票和参与合作等实践情况。除了概述可持续投资的发展，该调查还对资产管理公司施加积极压力，尤其是在可持续投资不太先进的国家中的资产管理公司。从这一角度来看，该调查有助于推广可持续投资实践。

股票市场指数

股票市场指数反映了市场中不同领域或行业的总体价格发展情况。一般指数通常是在相关金融标准（如市场价值或关键投资指标等）的基础上形成的，而可持续发展指数投资则只涵盖了一般指数投资中的有限部分（如只有可持续性评级高的企业），或根据单独确定的可持续性标准重新调整投资权重。

使用可持续发展指数进行的投资包括主题投资、使用同类最佳筛选法做出的投资（特定行业中最可持续的投资）、使用排除法做出的投资，以及这些投资类型的组合（如表6-1所示）。

表6-1 可持续发展指数的主要类型和示例

	可持续发展指数的类型		
	同类最佳	排除	主题
子类别	可持续性评级	违反国际规范和争议性武器	碳足迹和化石燃料限制措施
	• 明晟可持续性领导指数 • 斯托克可持续性领导指数	• 明晟可持续性通用指数	• 明晟低碳目标指数 • 明晟全球低碳领导指数 • 标准普尔无化石燃料指数 • 标准普尔无化石燃料指数
	可持续性调查和材料请求	不合道德的部分	气候评级
	• 道琼斯可持续发展指数（DJSI）系列	• 斯托克可持续性领导指数 • 酒精、赌博、烟草、武器和军火指数	• 斯托克气候变化领导指数
	特殊可持续性焦点		可持续发展解决方案
	• 斯托克可持续性领导指数		• 明晟全球市场可持续影响指数

注：表中的一些示例可能会综合几个指数类型的特征（如同时符合同类最佳筛选法和排除法要求）。实际中，除了本书举出的可持续发展指数类型外，还有其他指数类型，如结合了金融和可持续性标准的要素指数、强调企业良好的可持续性评级和积极趋势（可持续性等级在不断升高）的指数等。

可持续发展指数可以用于以下投资中：

- 主动投资：作为衡量主动投资决策的回报影响和一般市场发展的基准指数。
- 被动投资：用于创建投资产品（如 ETF 和指数基金）。

可持续发展企业基准指数

基金的价值每天都有可能发生变化，许多长期投资者（如养老保险公司）都会以季度和年度为单位披露它们的投资回报。许多可持续性因素（如气候变化）都会对投资的中期和长期回报产生影响，但想要预测短期影响却是一项具有挑战性的工作。投资组合经理、投资团队以及整个投资单位的业绩通常都是通过比较积极选择与一般选择、短期市场发展与中期市场发展所取得的回报来评估的。

规避长期风险会对短期回报产生负面影响。仅仅是关注短期的不佳表现，就可能使投资者丧失勇气，以致即便认为企业在可持续性方面有竞争优势，却也不会投资这类企业。根据可持续性分析，一家企业看起来可能有风险，然而从基金经理的回报要求角度来看却是，这家企业规模庞大，价格诱人。如果将主要的可持续性风险视为投资分析的一部分，那么投资者可能会决定不投资或少投资此类企业，他们的投资理念是，规避这些风险可以帮助投资者增加回报。

可持续发展企业基准指数可以用于系统分析投资对象的可持续性情况。它们的好处在于，不负责任的企业通常会被排除在指数之外，也就是说，不鼓励投资者投资此类企业（如果投资机构的规则允许投资可持续发展企业基准指数之外的企业）。从投资人的角度来看，在设置回报要求时使用可持续发展指数也可能更加公平。如果投资机构的规则是禁止在任何情况下投资不负责任的企业，那么当这类企业没有被纳入可持续发展企业基准指数时，它们的回报就不会影响业绩的评估。

基于特定企业的可持续性研究的可持续发展企业基准指数特别适合主动选股，投资者可以关注此类指数。

投资者可以将可持续性因素作为分析的一部分进行更详细的评估，不需要遵守可持续发展企业基准指数对可持续性的看法。此类指数都带有自身的一些特点。例如，明晟使用了自己的可持续性评级，斯托克则将 Sustainalytics 的可持续性评级运用到了更广泛的可持续发展指数中，将 CDP 的气候评级运用到了气候变化领导指数中。标准普尔指数，如道琼斯可持续发展企业基准指数，它是基于调查和发送到各企业的材料要求，以及基于这些材料的可持续性分析而得来的。

可持续发展 ETF 增加市场份额

截至 2017 年末，全球 ETF 中只有约 1% 的份额与可持续发展有关。这一比例一直很低，但此后不断增加。这类投资的边际份额会受到以下因素的影响：

- 投资者通过指数投资来寻求平均市场回报。与基于一般指数的投资产品相比，可持续发展 ETF 的回报是更高还是更低，没有足够的基于研究的可用信息能够支撑。
- 可持续发展指数没有单一标准。相反，每个商业服务机构都制定了自己的标准，且差异很大。

从大型机构投资者的角度来看，它们所面临的问题还包括可持续发展 ETF 比常规 ETF 的流动性更低。

2017 年，70% 的可持续发展 ETF 投资于遵循明晟和标准普尔道琼斯这两大商业服务机构所发布的指数的产品（见图 6-2）。可持续发展 ETF 的主要类型如图 6-3 所示。①

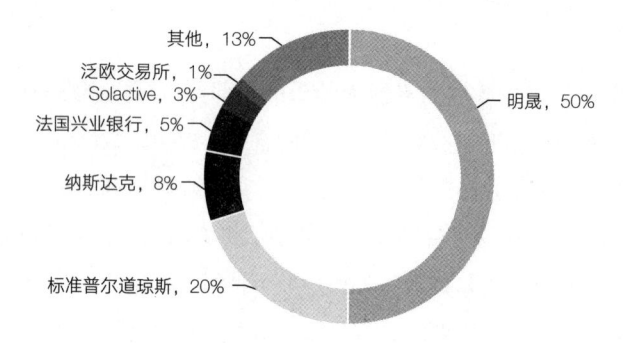

图 6-2　全球可持续发展 ETF 中的主要机构及其占比（2017 年）

资料来源：德意志银行、彭博金融有限公司，经彭博金融有限公司许可使用。

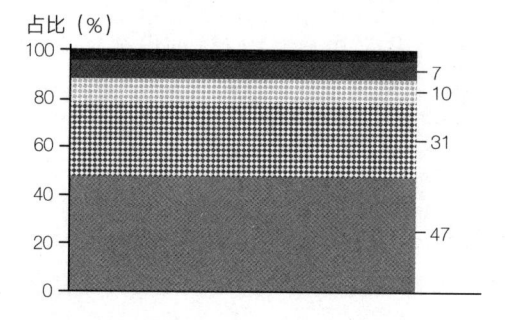

图 6-3　可持续发展 ETF 的类型（2017 年）

资料来源：德意志银行、彭博金融有限公司，经彭博金融有限公司许可使用。

---

① 德意志银行的研究对 50 多只股权 ETF 进行了考查并对其做出了说明：符合流动性和低追踪误差的标准；基于既定的可持续性评级而非单个主题；遵守同类最佳筛选法，可能也使用了排除法；有足够数量的投资对象（至少 100 家）；交易成本低。

编写可持续发展企业基准指数时强调了商业服务机构的选择

对于使用可持续发展企业基准指数的投资者来说，关键是要理解编写可持续发展企业基准指数没有单一标准这一点。指数之间的差异不仅来自为指数选择的标准，也来自基本的分析工具，如可持续性评级。许多工具关注的都仅是过去的情况，这意味着它们未必能反映出未来的可持续性，而未来的可持续性对投资者而言更加重要。

一些企业被纳入可持续发展企业基准指数，但这并不能保证这些企业都具有可持续性。例如，2015年9月，大众汽车被曝出排放丑闻，当时的它被纳入了一些可持续发展企业基准指数中。但实际上，在2015年5月，它就已经被明晟全球市场可持续发展企业基准指数排除在外。排除的依据是：2013—2015年，大众汽车被曝出存在产品和服务质量、贿赂、欺诈和结社自由等问题，这些问题导致了2014年以来的公司治理评级下调。可尽管如此，就在大众汽车被曝出排放丑闻前的一个月，明晟还将它的可持续性评级从BB上调至BBB，原因是该企业报告的汽车二氧化碳排放量有所下降，且前几年召回汽车的数量也有所减少。直到欺诈行为被曝光后，该企业的评级才被降至最低级别CCC。

由于存在基本的企业分析之外的一些原因，可持续发展企业基准指数也各有不同。并非可持续发展指数背后的所有方法都有同样的多面性，或都是旨在全面描述投资的可持续性。对于投资者来说，关键是要理解纳入指数中的企业是基于什么原因被选择的。有些指数可能侧重于个别方面，如企业是否签署了《全球契约》倡议等。对于那些广泛地结合了多个方面的可持续发展指数来说，它们之间也存在方法上的差异，且这种差异是很难理解的。相对而言，在指数之间进行比较是最可行的，因为这些指数向投资者提供了基本的特定企业分析。

与一般指数相比，可持续发展指数的内容每年都可能发展、变化，尽管如此，它们的一部分内容可能还是已经过时了。例如，当企业业务中出现了负面情况，或者当企业的可持续性表现发生其他变化时，指数的构成也会发生变化。一些可持续发展指数（如道琼斯可持续发展指数）基于的是对特定企业的调查和要求其提供的材料。如果一家企业不再做出回应，它将被排除在指数之外。此外，企业的可持续性标准会随着指数背后可持续性评级的进一步发展而变化。被纳入可持续发展指数比被排除在外更难，所以，虽然有些企业与被纳入指数的一些企业至少同样具有可持续性，但它们仍然会被排除在外。这种操作，通常是出于控制变化数量的考量。可持续发展指数也可以纳入可持续性评级没有下降太多的企业，或者问题没有严重到需要根据指数规则而将其排除的企业。因此，可持续发展指数可能会纳入当前评级很低的企业，如果这些企业是新成立的，可能不会再被纳入该指数。

使用了类似的方法和相同的初始数据，但有时还是会得出不同版本的可持续发展指数，相关机构可以将其提供给投资者。即使是使用了相同的可持续性评级方法的指数之间也可能存在差异，例如，同一行业中最具可持续性的企业是前 25% 还是前 50%（根据市值）被纳入指数。

投资者在标准指数和个性化指数之间进行选择

即使投资者的观点与所选的指数机构的观点原则上一致，但仍可能就个别企业的情况产生分歧（指数中可能纳入了投资者已经排除的企业）。投资者对于排除哪些产品也持有不同看法。例如，在所有的罪恶股票中，许多投资者都会排除烟草股票，但可持续发展指数中未必会排除任何股票，也可能同时排除所有罪恶股票。又如，如果一名投资者也按照企业是否遵循国际规范从事生产活动而进行排除的话，实际上很可能找不到符合其观点的指数，除非投资者根据自己的需要个性化设置指数。

可持续投资策略

选择可持续发展企业基准指数的两种策略

- 选择商业服务机构的基准指数,其分析对投资流程最为重要。如果投资者使用不同机构提供的分析工具,用于分析可持续性的不同方面,可能会出现不一致的情况。
- 尽可能选择符合投资者标准的个性化可持续性指数或被排除投资的清单。

用于气候风险管理的低碳指数

作为管理与气候相关的投资风险的一种方式,有些投资者采用了所谓的低碳指数,它将投资组合的碳足迹最小化(如比一般指数小 50%),同时尽可能减少与一般指数回报有关的变化(追踪误差)。

使用低碳指数的理由是,如果企业产生的气候变化直接成本因排放配额或碳税价格的上涨而上涨,投资于该指数的投资者将较少地承担此类成本。此外,地下化石燃料储备的所有者可以被排除在指数之外,或者其在指数中的权重被降低,因为如果禁止获得其中的一些储量,投资者就不会受到储备贬值的影响。

投资者在选择低碳指数时,最好能认识到,如果不改变风险状况,就无法实现显著的实际影响。指数会突出行业中最好的企业,但行业的定义很广泛,有些低碳指数在排放量计算中忽视了生命周期因素。实际上,有些战略会导致石油企业被排除在外或被减持,而对油田服务企业(即经营和维护油田却不拥有油田的企业)的投资却增加了的情况。然而,如果停止石油钻探,这些服务企业的业务未必还会很有前景。

以气候为主题的指数趋于多样化，例如，有些指数更注重企业的气候风险管理水平及其未来计划。作为可持续金融法律法规的一部分，欧盟正在编写低碳和积极气候影响指数最低标准的提案，以提高相关指数的一致性、可比性、前瞻性。

不同资产类别的可持续性评估

不同资产类别的可持续投资略有不同。在上市或非上市企业的内部股权投资中，投资者均有机会影响企业的运营，比如通过债务投资者无法获得的在股东大会上投票的方式对企业施加影响。在私募股权投资中，一旦所有权被转让，新的投资者就有可能在早期阶段与相关企业进行合作。

固定收益投资的可持续性分析通常更注重风险管理，而不是识别可持续发展机遇。然而，对冲基金的做法可能千差万别。所以，想要做出可比较的可持续性评估是一项具有挑战性的事情。与股权投资相比，对冲基金的做法还处于早期发展阶段。

固定收益投资

投资者可以使用可持续性评级和许多其他用于分析上市投资的工具分析来支持股票和企业债券，因为这些分析工具涉及相同的企业。然而，有些新工具仅可用于分析股票，至少在第一阶段是这样。①

---

① 将股权投资与可持续性信息联系起来更容易：股票的标识符更少，如每个系列股票只有一个标识符。在企业债券中，一方面，发行人未必是母公司，也可能是同一集团中的另一家企业；另一方面，投资者会根据每个新问题分配新的标识符。此外，固定收益投资者不持有企业的股份，相反，他们只投资于债务，因此，首先要从可持续投资的角度审查股票。

股权投资与固定收益投资的可持续性风险类似：如果破产的可能性增加，固定收益投资的价值就会减少。然而，忽视可持续性的负面影响在不同资产类别中的表现各有不同。例如，对企业罚款虽然会对其支付红利的能力产生非常负面的影响，但从固定收益投资的角度看，这未必会产生直接影响，因为企业必须在向所有者付款之前向债权人付款（债权人的优先级更高）。如果制裁非常严重，市场则可能认为该企业会资不抵债并相应地对其进行重新定价。即便企业的偿付能力没有受到损害，但如果金融市场认为与该企业有关的风险升高，那么负面的可持续性消息也可能会影响固定收益投资的价值。在考虑可持续投资时，目标是避免因重大的可持续性风险而破产的投资或因信用风险而被重新定价的投资。

SUSTAINABLE INVESTING
可持续洞察

利库·海普宁（Riku Hyppänen） | 伊尔玛利宁相互养老金保险公司投资组合经理

固定收益投资者对企业进行分析，最重要的一个目的是对企业偿债能力的有关风险形成一个真实的大致判断。金融市场的定价基于概率，所有与企业运营相关的不可预见的成本都会对企业的财务状况产生负面影响，同时也会增加违约的可能性。在低利率的情况下，即使发生很小的负面风险，也会对投资组合产品的市场价值产生重大影响。

在分析发生可持续性风险的影响时，可以以一家涉嫌洗钱的银行为例进行审查。当疑似案例曝光后，该银行的股价跌幅超过10%。虽然分析师确信这桩丑闻或任何随之而来的罚款都不会影响该银行管理优先债务的能力，但它的市值还是与股价一起下跌。例如，该银行的5年期无担保优先债券的市值下跌了1.3%左右。

市值下跌 1% 以上是很严重的，因为该消息发布之前，该债券的预期到期收益率也才仅为 1.2%。

相关机构还对政府债券进行了各种可持续性评级和分析。这些评级和分析审查了贿赂和气候影响，以及其他一系列可持续性因素。在确定政府债券的可持续性上，一些投资者将被制裁国家发行的债券排除在外。从政府债券的角度来看，使可持续投资更具挑战性的是，对政府债券的投资被用来对冲投资和作为资本充足率计算的抵押品，但信用评级和可持续性未必匹配。

绿色债券

固定收益投资通过绿色债券等方式对投资对象的可持续发展产生积极影响。绿色债券是指发行人已经确定使用目的的债券，它们是环境友好型项目，如有关能源效率或可再生能源的项目。绿色债券只占全球固定收益市场的一小部分，但在过去几年里，它们增长强劲。固定收益投资中，还有更少见的社会债券和可持续性债券，以及用于保护海洋生态系统和可持续渔业的蓝色债券。

随着绿色债券的发展，市场在一定程度上引入了以绿色债券为重点的投资产品和指数，一些机构投资者正在增加对这些债券的投资。绿色债券越来越受欢迎，这也体现出投资者对气候影响越来越感兴趣的趋势。再融资通常会在债务市场上起到很重要的作用，这也适用于绿色债券。绿色债券不需要为本来不会实施的项目融资，也就是说，绿色债券不涉及所谓的附加性要求。

发行人可以自己将债券设定为绿色债券，不需要参照特殊标准。绿色债券的主要标准体现在《绿色债券原则》（GBP）和气候债券倡议组织（CBI）的相关条款中。此外，法国政府推出了自己的绿色债券标准，欧盟也计划推出自己的绿色债券标准。然而，这些标准只是为寻求绿色资金的企业业务部门制定的标准。从全球可持续发展的角度来看，核心业务依靠化石燃料的企业也在进行绿色投资，至少在某种程度上这是件好事——有助于改变现实世界。然而，从投资者自身的（财务）气候风险的管理来看，核心业务是环境友好型项目的企业可能对投资者更具吸引力。①

许多发行人从可持续性商业服务机构那里获得了有关绿色债券框架的第二种意见（第二方声明），以及要融资的项目是否为"绿色"项目，是否适合投资等相关信息。有些发行人还令审计师根据《绿色债券原则》或气候债券倡议组织的相关条款对它们的绿色债券进行第三方认证。

有些投资者对积极影响投资项目的程度设定了最低要求，但这样一来，寻找潜在投资会变得更加困难。债券招股说明书和年度报告中提供的信息准确性各不相同。然而，研究这些信息可以增进投资者对即将融资的项目和改进质量的了解。关于不同发行人发行的绿色债券信息，投资者可以从可持续性商业服务机构处获得。

绿色债券是一类相对较新的投资产品，目前市场规模还很小。关于它们对财务支出的影响，各方有不同的理解。除了绿色债券基金和类似基金外，很少有机构投资者愿意为债券的"绿色"属性支付更高的溢价。一些发行人希望通过绿色债券降低资金成本，或者至少吸引到新的投资者。**据说，绿色债券还提高了许多企业首席财务官对可持续发展的认识，企业内部的可持续性业务经营的重要性因而得到提高。**

---

① 一般来说，与绿色债券相关的信用风险是基于投资对象的综合信用评级确定的，但由实物资产（如太阳能电池板）担保的贷款除外。换句话说，如果贷款的"绿色性"只反映了企业运营的一小部分，那么它通常无法帮助投资者更好地管理与投资对象有关的气候风险。

对非上市企业的投资

与上市企业类似的问题可以用于分析非上市企业。投资中，首先要确定对企业重要的可持续性主题，这些主题会受到企业业务线和业务所在国政策的影响。接下来要研究可用的信息来源（比如公司报告、第三方报告，以及通过与企业代表讨论和实地考察等获得的其他信息），并分析与商业模式相关的可持续性方面（如在不断变化的经营环境中的业务生存能力）。基于各种信息来源和自身的观点，一些投资者拟定了特定行业的问题集，用于评估非上市企业的可持续性。此外，他们还设定了同样适用于非上市企业的特定行业可持续投资标准（如排除煤炭企业）。

对非上市企业的投资评估受到这样一个事实的影响：非上市企业的可用信息通常要比上市企业少。总的来说，非上市企业通常很少报告它们的可持续性。但大型非上市企业可以编写可持续发展报告，甚至是综合报告。与上市企业相比，非上市企业可用的分析可持续性的工具较少，因为许多商业服务机构并不分析未发行证券的企业。在特定行业中，上市企业的可持续性分析可以对非上市企业的可持续性分析提供一些帮助。来自上市企业的分析表明了哪些主题对于该行业中的企业是重要的，哪些经营环境中的发展会对企业产生影响，并明确了基准企业的可持续性等级。

有些可持续性商业服务机构也为非上市企业提供服务。例如，RepRisk监测了10万多家企业的有关新闻，并汇编了关于可持续发展问题的公开声明。2摄氏度投资倡议智库（2 Degrees Investing Initiative Think Tank）对上市企业和非上市企业均进行了气候情景评估，用于贷款组合分析。另外，一些数据库和商业服务机构收集了上市企业和非上市企业的数据，如有关当局发布的声明和罚款，以及生产厂家的位置、产能和产量等。

特定行业的数据库也可以用来分析非上市企业。例如，通过海事安全数据库 Equasis[①],我们可以知道,一家航运企业是否因严重违规而受到处罚或被禁止离港。非政府组织拆船平台则收集了报废船只的数据。此外,我们还可以使用欧洲统计局收集的关于特定行业关键数字(如事故发生频率)的比较数据,将其与基准组进行比较,从而评估企业的关键数据。然而,报告的准确性和可靠性因国家和企业而异。此外,各企业从来都不是完全相似的,不同的业务会导致可持续性指标的结果略有不同。

SUSTAINABLE INVESTING
可持续洞察

卡丽·比尔蒂拉　｜　北欧联合银行资深可持续发展分析师
(Kari Pietilä)

　　对非上市企业进行可持续性分析需要深入的专业知识,因为外部商业服务机构的可持续性评级报告并不全面。我们首先要做的是评估公开报告:报告的质量可以帮我们大致了解企业管理可持续性风险的能力。全面、透明和有保证的可持续发展报告表明该企业已经向可持续性公司治理分配了资源,而可持续性内容非常有限的报告反映的则是相反的情况。同样,管理层批准、发布的全面的可持续性政策表明,该企业已经考虑了其业务的可持续性方面。对特定行业责任倡议和认证管理体系(如 ISO 14001)的承诺提高了该企业践行可持续发展的可信度,并有助于投资者对其进行可持续性分析,因为这种情况下,通常就没有必要再对该企业自身的流程进行详细的评估了。

　　在更详细的评估中,要关注可持续性的关键方面。例如,

---

① Equasis 数据库包含了有关世界商船队的安全信息。它的建立起源于欧洲委员会和英国政府在 1997 年 11 月开展的优质航运运动,其目的在于使船东、货主、保险商、经纪人、船级社等自愿参与并努力改进安全工作。——编者注

我们审查有关环境、社会和公司治理的关键绩效指标和可持续发展战略，及其是否牵涉到任何争议。评估商业模式的可持续性也很重要，如一家服装企业是否生产快时尚，以及消费者行为的变化对这家企业有何影响。

表6-2以一家假设的医疗保健企业为例说明了应如何对非上市企业的可持续性进行评估。投资者也在寻找长期趋势（如老龄化），这也增加了对医疗保健服务和疗养院的投资需求。在确定主题和问题时，尽可能使用可持续发展会计准则委员会对特定行业重大方面的划分标准。

私募股权投资者通常有大量机会评估和发展可持续性。私募股权投资企业经常向机构投资者提供与投资相关的任何可持续性相关问题的信息。机构投资者可以通过使用2015年负责任投资原则组织编写的调查报告提出更多具体问题，从而审查一家私募股权投资企业的可持续性实践情况。与其他非上市企业一样，投资者可以使用类似工具评估该笔投资的可持续性。当可用的公开信息较少时，进行可持续性分析的人员主要负责检查重大方面。

在私募股权投资的准备阶段，投资者通常有可能获得比投资一家上市企业的少数股份时更多的信息。因为投资一家上市企业的少数股份时，各企业必须平等对待所有股东。对于某些收购，投资者要进行环境风险评估或更广泛的可持续性风险评估（即进行环境尽职调查或可持续性尽职调查），或者尽可能地考虑到这些方面，将其作为法律风险评估（即尽职调查）的一部分。当私募股权投资者通过这种操作成为投资对象的大股东时，它能在享有所有权期间，在可持续性方面发展该企业的业务，这样，私募股权投资者就有了很好的机会为投资对象带来重大变化。实际上，这可能意味着投资者会将实施能源效率项目或者将可持续性作为该企业价值创造策略的核心。

第 6 章 各类投资产品的可持续性评估

表 6-2 评估一家医疗保健企业可持续性的问题

主题	关键问题	影响
客户福祉/服务质量	• 如何确保疗养院的客户得到了安全和合适的治疗？ • 是否只满足最低法定要求（如护理人员数量）？是否采取了额外措施？ • 是否有举报系统？报告了多少案例？根据报告采取了哪些措施？ • 如何衡量服务质量（客户满意度）和影响（如患者伤害）？这些数据是如何形成的？如何提高质量？ • 是否有已认证的质量体系？覆盖范围是什么？与组织的运营有何关系？	• 在疗养院，与客户福祉有关的公开性风险很大，护理人员数量不足或忽视客户，都会损害企业声誉甚至投资者声誉。 • 超出法定要求会影响客户的社会福利和员工的满意度。 • 超出最低要求的资源配置可帮助企业在突发危机的情况下正常运营。
信息安全和数据保护	• 如何确保良好的信息安全和数据保护水平（认证、流程、培训）？ • 是否出现过任何信息泄露、罚款或其他故障？	• 如果不遵守欧盟《通用数据保护条例》，可能招致重大制裁。 • 信息泄露可能导致声誉受损，影响对企业服务的需求。
发票的透明度	• 如何描述服务定价的原则和覆盖范围？这些信息的公开程度如何？私人客户能否在网站上获得价格信息？ • 这方面有什么争议吗？如果发票不清楚，联系方式是否可用？	• 透明的发票定价原则和面向私人客户的公开价格信息可帮助企业避免争议。 • 联系方式有助于提高客户满意度。
招聘和能力发展	• 对于外包和合作企业，如何确保各单位所提供的做法一致，尤其是客户服务方面？ • 如何确保员工的福利和能力？是否鼓励员工参加第三方提供的培训？是否保留了何时向员工提供培训的信息？如行业发生变化，是否还能保证培训？ • 为员工制定了哪些激励计划？	• 能力强的员工和一贯的人力资源措施影响着客户福利和服务质量。 • 激励计划和有竞争力的薪酬影响着员工的工作动力。

续表

主题	关键问题	影响
商业道德	• 有什么原则和流程来防止利益冲突和消除疑虑？ • 是否有不当行为的法律案件或公开指控？如何处理此类问题？从中学到了什么？ • 其他不道德的情况是如何解决的？有什么样的流程可以防止此类情况出现？	• 适当实施医疗保健行业私有化的竞争性招标流程，对未来的运营条件和业务连续性很重要。
纳税义务	• 关于该企业的税收政策和税收足迹有哪些信息？ • 做法是否与欧盟和经合组织旨在减少避税和激进税收计划的项目一致？此举将对企业收入产生什么影响？	• 对不负责任的税务行为的指控，可能导致企业声誉受损和客户流失。 • 如果该企业的做法未来不再被接受，那么成本可能会增加。

对冲基金

在对冲基金的可持续性评估中,我们可以将重点放在评估该基金是否具备良好的公司治理和是否遵守了《另类投资基金准则》(Standards Board for Alternative Investments)上。这些准则包括投资估值、独立管理基金、任命合规官员、监测规则的遵守情况并防止不当行为的发生,以及成本透明度等指导方针。2017年版的负责任投资原则中关于对冲基金的调查可以用于评估可持续性实践情况。

对冲基金的授权范围很广,这意味着一只基金可以包括多个资产类别。同样的方法也适用于股权和公司债券投资策略,但如果投资期限很短,如只有一天,这种情况下就无法适用了。进行深入的可持续性分析需要时间,因此,投资期限更长的投资策略通常会有更多的资源用于可持续性分析。也有对冲基金将可持续性要素(及其关键数据)视作能产生回报的一部分加以考虑。

对于不投资于企业的基金来说,确定影响投资对象的可持续性因素变得更加具有挑战性。例如,对商品投资的积极影响更大还是消极影响更大仍有争议:我们可以看到,交易有时会提高商品价格,同时也会促进市场的运作。

个人投资者的操作方法

个人投资者也可以进行可持续投资。由于投资者自己的可持续性分析和商业服务机构做出的可持续性分析所依赖的资源不同,所以实施方法也不同。个人投资者主要通过免费的公共资源进行股票和基金的可持续性分析。一种实用的方法是采用商业服务机构发布的可持续性评级。虽然审核和解释这些信息需要花时间进行研究,但这可以帮助个人获得大量更详细的信息。另外,个人投资者通常没有机会与投资对象和基金管理公司的管理层展开全面的讨论。

SUSTAINABLE INVESTING
可持续洞察

朱卡·奥克萨哈朱　　Nordnet[①]股票策略师
（Jukka Oksaharju）

个人投资者必须对行业和竞争者展开批判性的分析，从而确定某个行业在可持续发展方面的先行者，因为每家企业都希望突出它的可持续性。进行可持续投资具有挑战性，因为个人投资者无法依赖公开的市场信息做出准确判断。相反，评估哪些企业实际上在以可持续性的方式经营时，需要独立的分析和批判性的方法。由于可持续性体现在不同的维度上，所以个人投资者需要确认各行业和各企业侧重哪些维度。

在许多企业，可持续性与思维方式、经营理念和价值观念相关，同时还以某种方式与技术相关。如果企业的可持续性建立在自己独有的专业技术上，竞争者很难迅速、轻易或低成本地复制这些专业技术，那么可持续性应作为溢价反映在价格中。

对上市企业的投资

个人投资者可以将自己的可持续性标准用于投资选择，并作为主动所有者参加股东大会，股东有权在股东大会上提出问题。在芬兰、瑞典等一些国家，股东还可以就股东大会授权范围内的事项提出建议。虽然投资金额越大，产生影响的机会越大，但个人投资者在影响投资对象上也并非毫无机会。如果许多个人投资者都对某家企业在可持续发展方面提出了同样的问题，该企业通常也会做出反应。

---

① 瑞典一家理念领先的网上银行。——编者注

第 6 章
各类投资产品的可持续性评估

在投资中，投资者可以采用一种或多种可持续投资方法。通常，人们可能倾向于选择一个行业中最具可持续性的企业（即通过同类最佳筛选法确定的企业），这样，投资者就能够更详细地审查已被纳入可持续发展指数中的企业：有些被纳入可持续发展指数中的企业是上市企业，但对于其他企业来说，只有当可持续发展指数涉及的基金（如 ETF）投资已经上市时，才能获得此类企业的信息。明晟和 Sustainalytics 等商业服务机构发布的特定企业可持续性评级和概况，可以用来大致评估和比较各企业的可持续性。此外，可持续发展报告和网站上还发布了许多企业的大量信息。然而，即便是专业人士也很难仅仅根据报告的信息就确定哪家企业最具可持续性。

为了进行主题投资，投资者可以使用非营利性组织的特定主题研究，如 CDP 发布的关注气候的行业报告摘要。要寻找到领先的企业，一个可能的办法是审查对外公开的科学碳目标（SBT）名单上的企业，这些企业已经根据《巴黎协定》制定了未来 5～15 年的宏伟减排目标。[1]

为了确定已采取了可持续发展解决方案的投资对象，投资者可以使用投资于可持续发展企业的 ETF 的内容，以及比较同行业中各企业的可持续发展报告（如 CDP 的报告）。此外，许多企业都报告了它们的可持续性解决方案，这些也都可以作为参考资料。

为了排除一些投资对象，个人投资者也可以参考机构投资者的公开排除清单，这些企业因在经营中违反了相关原则而被排除。例如，管理政府（全球）养老基金的国际投资的挪威央行投资管理公司（NBIM）也公布了每项排除决定的理由。

---

[1] 科学碳目标倡议（SBTi）背后的组织包括 CDP、世界自然基金会、世界资源研究所和全球契约组织。这些组织的联合委员会核准的企业目标是符合科学的。SBT 网站提供了已设置目标并承诺按设置目标运营的企业信息。

SUSTAINABLE INVESTING
可持续洞察

萨里·洛纳斯梅里（Sari Lounasmeri） | 芬兰股票促进基金会（Finnish Foundation for Share Promotion）首席执行官

出于对投资的可持续性的兴趣，投资者也提高了直接投资企业的期望。芬兰（本地）企业因对投资者而言更容易获得信息而受到青睐。近年来，地方投资活动明显增加。越来越多的个人投资者有了与上市企业高管人员会面的现实机会。与此同时，投资者对公司治理相关事务的兴趣越来越大，他们希望亲自评估管理层的可靠性。

可持续性评估正逐步与财务数据一起被纳入投资决策标准。这类投资标准也是管理投资活动相关风险的一种方法：如果一家企业的经营方式被曝光，那么这家游走在灰色地带的企业市值可能会崩溃。一直以来，个人投资者通过"用脚投票"来产生影响。在不久的将来，这种情况可能会改变。《股东权利指令》增加了年度股东大会上股东的权利。与此同时，数字化可能会导致小股东互相寻找的局面，他们作为主动所有者也会对上市企业产生影响。不要小瞧个人投资者，他们的总持股量很大：芬兰个人投资者拥有纳斯达克赫尔辛基证券交易所几乎所有企业10%以上的市值。

基金投资

在基金投资中，基金经理可以决定投资和操作的方法，这意味着个人投资者必须找到符合自己的可持续性理念的基金。个人投资者必须优先考虑各种可持续投资策略和投资标准，比如，更重要的是支持可持续发展的机会、避免最严重的不当行为、排除投资者认为不道德的行业，还是支持对投资有积极影响的一个特定主题或者基金经理？

第 6 章
各类投资产品的可持续性评估

表面看来，各类投资者的可持续性原则基本相似。基于这些原则，个人投资者有可能找出符合自身标准的基金。对于受到积极管理的主动型基金，评估可持续投资的质量很重要。也就是说，要关注可持续性分析的进展、在投资决策中是否考虑到了可持续性分析。在被动型基金方面，要关注指数的选择：用于编制指数的标准和可持续性分析的质量。个人投资者可以使用与机构投资者相同的评估方法。

晨星和明晟的可持续性评级是公开的，可以用于比较基金的可持续性。这些评级描述了投资对象相比于基准基金的可持续性情况（见图 6-4）。明晟还发布了基金概览，提供了对投资对象参与各种活动、对国际规范的遵守情况，以及在董事会独立性和多样性方面的公司治理表现等情况的深刻见解。

晨星可持续性评级

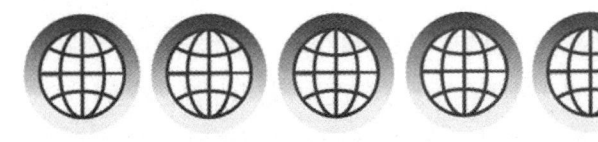

高

同类中排名：前 4%
投资对象的平均可持续性得分：45 分
基于 79% 的持股数

图 6-4 2018 年晨星对安本全球 - 东欧股权基金的可持续性评级

注：5 个全球可持续性评级意味着，就其类别（东欧股权）而言，该基金位列可持续基金的前 10%。有更详细的资料显示，其相关排名高达前 4%。该基金的投资对象的平均可持续性得分为 45 分，满分为 100 分。从该数据可见，相对于同行业基准组的平均可持续性水平而言，投资组合中的企业平均得分略低。在该基金持有的股份中，79% 是由 Sustainalytics 提供的特定企业可持续性评级中的企业。

资料来源：Nordnet、晨星。

在使用基金评级和概览时，最好能全面考虑到特定企业可持续性评级的优势和不足。例如，一只专注于投资北欧企业、可持续性评级较低的基金，相比于一只专注于投资新兴市场中的企业、可持续性评级较高的基金来说，前者所投资企业的可持续性方面可能更好。

另一个有趣而公开的基金评估是 Climetrics，它侧重于对气候风险和与气候相关的机遇的评估。该评估使用的信息主要基于 CDP 和 ISS ESG 的数据库，且评估时会结合基金持股量、基金经理的做法和投资原则等信息展开。因此，Climetrics 与晨星和明晟的可持续性评级有所不同，因为该评级不单单基于基金持股量，还基于其他方面。另一个不同之处在于，Climetrics 对可持续性的研究范围较窄，它不像晨星和明晟那样，广泛涵盖了其他的可持续性主题，气候风险只是整体的一部分。除此之外，Climetrics 的评级系统是将一只基金与所有被评估的基金相比较，而晨星和明晟则是将基金与基准组中的基金相比较（例如，将投资于芬兰企业的基金相互比较）。

为了支持他们的投资决策，投资者还可以就基金经理在管理气候影响方面的努力进行比较。非营利性资产所有者披露项目每年都会将全球最大的 50 家资产管理公司进行比较，依据是它们在投资活动中考虑到与气候变化相关的金融风险的程度。然而，由于该研究有一部分是基于一项调查，但并不是所有资产管理公司都会对调查做出回应，这种情况在某种程度上影响了研究结果的准确性。出于这一原因，有些资产管理公司仅根据公开报告就得到了较低的分数。另外，这种比较并非针对特定基金。它反映了资产管理公司考虑气候方面的总体水平。

在考虑投资产品的可持续性时，还可以使用一种粗略的方法来检查哪些国家的企业相比其他国家的企业来说平均可持续性更高。

在可持续投资以及一般投资中，投资者不能投资任何他们不了解的产品。投资者应当熟悉可持续性概念和术语，如果尚不清楚，最好多积累并运用一些常识，或者请求基金公司提供更多信息。

SUSTAINABLE INVESTING

Beating the Market with ESG

第四部分

北欧投资者如何通过可持续投资获得高回报

第 7 章

可持续投资的北欧视角

在我们的研究项目[①]中,我们采访了公开承诺过会进行可持续投资的 18 家投资机构的代表。实际上,我们的项目材料涵盖了芬兰最大的机构投资者对在芬兰进行可持续投资的看法。

可持续投资的目标和现状

在我们采访的芬兰投资者中,绝大多数人认为,在投资决策中考虑可持续性是很重要的。可持续性之所以能激励机构投资者,主要有三个原因,而这些原因与国际研究的结果高度一致。大多数投资对象都会将可持续性视为一种风险管理办法,其最重要的目的是避免不利影响,如损坏声誉。机构投资者也围绕有效性和与可持续投资相关的目标来研究这一现象,目的是强化自己对可持续投资积极影响的认知。我们采访的大多数投资者都希望进行可持续投资,以提高财务回报。他们试图分析不属于常规经济分析的方面。

[①] 本书介绍的《芬兰可持续投资情况报告》是斯利瓦在 2017 年所做的更全面的学术研究项目的一部分。出于研究伦理相关原因,受访者均匿名。

然而，由于缺乏专业知识和经验，投资者往往会感到很难通过可持续投资获得竞争优势。"这感觉就像是一遍又一遍地查看每个人都可以获得的相同的财务报表信息和其他财务数据。起初，人们觉得不可能获得额外回报，因为所有企业都已经被透彻分析过了。这就是我们开始对可持续投资感兴趣的一个原因：它是一个新的信息来源，如果我们学会分析并使用相关数据，那么它便可以提高投资回报潜力。"一位匿名受访者说。

可持续投资的实施程度因投资机构而异，芬兰几家主要的养老金企业被视为当地可持续投资的发展引擎。所有受访者都认为，在实践中，可持续投资在不同的组织层面都能得到理解很重要。可持续性不应仅仅反映在企业网站上的官方可持续投资原则上，也不应仅仅通过独立于投资团队的一群"可持续投资人员"来证明。在成为主流后，可持续投资应被视为所有投资活动中不可或缺的一部分，而不是由单个的可持续投资产品组成。在国际上，比如在芬兰，非常特殊的是，可持续性分析师通常与投资组合经理同属一个团队。

投资者认为，可持续投资原则在实施中受到了投资组合经理个人分析投资方式的影响。在某些情况下，投资组合经理不愿详细解释他们的分析。对于这一点，一些组织已经找到了解决方案：由投资组合经理负责实施组织的可持续投资原则，他们可以在组织的投资策略框架下以自己的方式行事。

据受访者称，代际观点存在差异，年轻的专业人员对可持续性分析持更开放的态度。一些受访者认为，很难让有经验的分析师扩展他们的分析，因为据他们的经验来看，股票的价值可以直接从企业的财务报表和资产负债表中推断出来。在分析中考虑与可持续性因素相关的主要问题之所以会面临一些挑战，不仅在于与数据质量和可用性相关的问题，还包括态度和文化变化进程缓慢的问题。

机构投资者的可持续发展动向

许多芬兰投资机构都会在官网上宣布，它们已经签署了《负责任投资原则》。尽管签署方每年需要向负责任投资原则组织报告它们的可持续投资实践，但受访者认为，负责任投资原则组织很少监督签署方的实际业务，且规则松散。因此，仅仅签署《负责任投资原则》很难作为衡量该签署方可持续发展水平的标准。不过，自2018年以来，负责任投资原则组织开始密切监督签署方。

受访者将《负责任投资原则》的签署视为投资者关注可持续性的良好开端。这也被视为一个积极信号，即投资者至少已将可持续性纳入考量，与可持续性有关的事项已被管理团队提上日程，且已经为可持续投资制定了一个流程。拥有负责任投资原则组织的成员资格，也让投资者有机会向资产管理公司请求获得更多的信息。

此外，受访者还指出，芬兰可持续投资论坛（Finsif）聚集了一群对可持续性相关事项感兴趣，且愿意了解更多的人。论坛成员常常聚集在一起，与受邀作为嘉宾的专家进行交流。在此过程中，每个成员都可以通过交流获得新的见解，以他们认为最好的方式，将这些见解用于各自组织的投资活动中。

能力要求越来越高

据报告，近年来，可持续投资不断深化，可供投资的产品（如主题基金）质量也有了明显改善。同时，排除名单上的企业数量也有所增加。整个价值链上的可持续发展理念已经确立，人们对法律范围内激进的税收计划的态度变得更加严格，对透明度的要求也更加强烈。

随着媒体资源的日渐丰富和非政府组织活动水平的不断提高，信息的传播速度也比以前快得多。人们认为，这反映在形象越来越重要这一事实中。除了合法之外，业务还必须为更广泛的社会所接受。随着可持续投资的发展，受访者认为，投资团队需要投入更多的资源进行可持续性分析。可持续性分析要比常规的财务分析更费力、更困难。"在芬兰，我们每季度都会与企业管理层会面一次。在这些会议上，我们可以畅所欲言。通过沟通交流，即便有时要用一点策略，但最终我们还是清楚了企业做出决策的方式和原因，以及基于什么样的价值基础做出决策的。这是一项要求很高的工作，因为它需要大量的专业知识、较高的理解力，提问者想要理清内心疑惑，这些能力必不可少。与这些相比，基于 Excel 上的数字对企业进行估值要容易得多。"一位匿名受访者说。

受访者认为，成功的可持续投资需要可持续发展专家和投资组合经理进行合作，结合双方的专业知识为投资分析提供支持。受访者指出，掌握可持续发展相关知识需要时间，不能仅因为投资组合经理对可持续发展表现出更多兴趣，或者因投资组合经理独自负责编写和解释可持续性分析报告，就指望其突然成为可持续发展专家。但投资组合经理在评估有关投资的财务影响方面的专业知识确实可以为可持续发展专家的分析工作带来补充。另外，受访者还认为，可持续性分析涉及许多细节，分析者需要拥有深入的专业知识。可持续发展团队和投资组合经理之间的有效合作是成功投资的关键。

可持续投资是漂绿行为还是真实行为？

可持续投资也受到了批判，在采访中，受访者多次提到"漂绿行为"一词。尽管在许多访谈中都出现了组织内部的意见分歧，但总体来说，受访者还是认为自己所在组织的投资活动是可持续的。然而，也有人对可持续投资的真实性表示怀疑。例如，一个投资组合的可持续性评分可以通过排除新兴市场得到迅速、轻易的提升，因为新兴市场的可持续性分析得分通常较低。这并没有以任何其他方式更努力地推动投资对象实现可持续发展，但可持续性得分还是提高了。总体来说，受访者认为可持续投资需要更多的考量，而不仅仅是依靠清单这种方法。

投资者认为，漂绿行为只在短期内有效，利益相关者是能够区分某些行为究竟是真实存在的还是粉饰后的。对于机构投资者来说，可持续性被要求作为每次竞标时须展现的一部分，机构投资者要在投资活动和投资决策中考虑到它们的资产管理公司提供的有关可持续性方面的实际案例。

对不负责任的投资者的看法

不负责任的投资者是指有以下行为的机构投资者：不认真考虑投资活动的目的和组织的价值观，不认真管理客户的资产或承担了过多风险，投资期限太短，公司治理不善，没有全面考虑可持续性就对企业进行了筛选。除此之外，那些虽关注可持续投资，但无法管理好自己所在组织的可持续性问题的投资者也是不负责任的投资者。

受访者清楚，由于投资者有着不同的起点、目标和经营方法，因此，他们完全可以以不同的方式进行可持续投资。

可持续投资优势能否长久

对可持续性进行分析并将其纳入投资决策，这被视为未来的一种竞争性优势。但受访者认为，随着可持续投资变得越来越普遍，未来这种竞争优势可能很快就会失去。据受访者称，10年以后，也许不再可能通过可持续性分析来产生超额回报，因为到那时，将有更多的投资者能够平等地使用可持续性信息。

"在我看来，未来，可持续性信息在这一方面的重要性可能会下降，并同任何其他主题一样，成为经营活动中的一个基本前提条件。新事物总是会出现，并在一段时间内占据主导地位。接着，新事物会发生变化，找到自己的定位，然后变得司空见惯。"一位匿名受访者表示。

随着可持续投资逐渐成为主流，分析师和投资者分析可持续性数据的能力有望提升，可持续性信息似乎也将成为分析投资对象时不可或缺的一部分。关于可持续性评级，受访者主要关注的是评级极差的企业。可持续性评级还被用来比较在其他方面同样具有吸引力的两个投资对象。据观察，可持续性评级对基金（特别是关注可持续性主题的基金）投资有很强的影响力。

如果投资对象是芬兰企业，许多受访者提到，与管理层的会面是进行可持续性分析的一个重要动作。

将可持续性分析整合到估值模型中的工作仍在进行中。几乎没有受访者会选择使用既定的模型或计算公式，在这些模型和计算公式中，一个特定的可持续性评级会对企业的估值产生系统性影响。只有一名受访者说，他在国外见过在估值模型中考虑了可持续性要素的个别案例。对此，一些受访者想知道，这些企业是如何以具体的方式将可持续性评级用在估值中的。他们还不清楚如何在定量模型中使用可持续性数据。受访者认为，这一问题也反映出可持续性数据不够一致和全面的情况。可持续性要素对估值具有间接影响，这是因为，投资者在回报要求中已经考虑了可持续性风险。

一些受访者还考虑了财务责任的重要性，在这种情况下，他们往往会在投资决策中强调要能带来实实在在、不打折扣的回报。受访者表示，如果资产管理公司对客户的资产管理漠不关心，那就是不负责任。"当然，我们必须记住，对于资产管理公司来说，首要的责任是以可控的风险提供尽可能好的回报，在这一点上我们不能妥协。我们不能只投资一流的可持续性企业，因为这些企业服务上佳，但价格也比较高。"一位匿名受访者说。

第 8 章

可持续投资回报的影响因素

通过对已发表的科学文章进行总结后，我们发现：可持续性和财务盈利能力之间存在着显著的正相关性。2007 年，马戈利斯（Margolis）、埃尔芬拜因（Elfenbein）和沃尔什（Walsh）为他们的文章汇编了 1972—2007 年的 167 项研究。他们发现，这些研究通常会审查企业财务盈利能力（如托宾 Q 值[①]、资产回报率）和各企业报告的企业发展的可持续性（如多米尼社会指数或 KLD 指数[②]）之间的关联。研究人员认为，企业的财务盈利能力和可持续性之间存在少量的正相关性。

2015 年，弗里德（Friede）、布施（Busch）和巴森（Bassen）分析了一批数量庞大的样本，该样本大约涵盖了 2 000 项研究。根据他们的总结，绝大多数研究都报告了企业发展的可持续性和财务盈利能力之间存在正相关性。在他们的样本中，关于可持续性的分析涵盖了一系列观点和测量方法。

在本章中，我们将介绍一些有助于解释可持续性与回报之间关系的学术研

---

① 指企业的市场价值与资本重置成本之比，反映的是企业市值与其资产净值之间的关系。——编者注
② KLD 是学术研究中经常使用的指标。该指数是由研究员艾米·多米尼（Amy Domini）在 20 世纪 90 年代初开发的，用于衡量企业的可持续性。——编者注

究成果。与此同时，我们还将借助各类投资机构（如北欧联合银行、施罗德集团）发布的报告[①]来描述这种关系。此外，我们对可持续投资研究的批判性观点也进行了描述。

可持续投资评级与财务盈利能力密切相关

2018年，使用了明晟数据库的北欧联合银行在一项研究中分析了标准普尔500指数中上市公司的可持续性评级。如图8-1所示，2012—2018年，可持续性评级高的企业和可持续性评级低的企业之间在财务盈利能力方面存在显著差异。可持续性评级最高（AAA）的企业比可持续性评级较差（B&CCC）的企业的财务盈利能力高出35%左右。结果表明，无论评级高低，可持续性评级都会对一家企业的财务盈利能力产生较大的影响。在衡量一家企业的财务盈利能力时，它的经营成果和股票市值都被考虑在内。

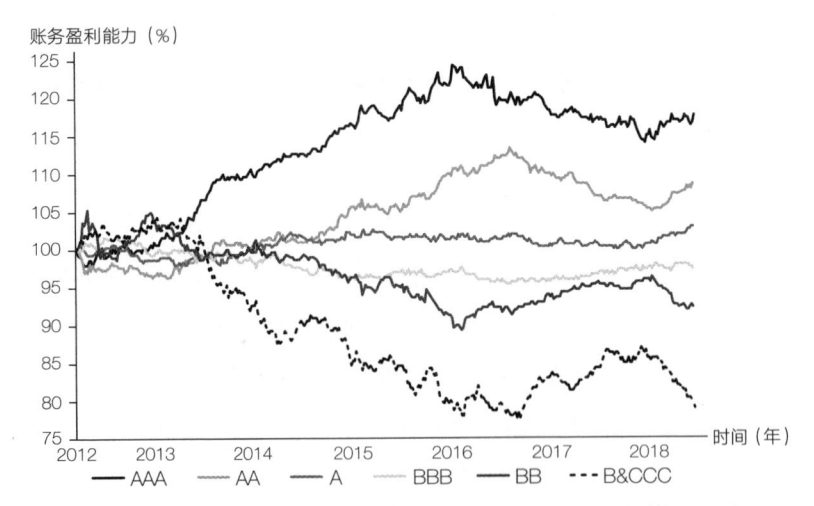

图8-1 2012—2018年根据明晟的可持续性评级得出的财务盈利能力

资料来源：北欧联合银行、明晟可持续性研究，经ESG公司许可转载。版权归ESG公司所有。

[①] 需要注意的是，投资机构提供的报告通常没有经过科学的同行评审。

企业声誉和媒体形象对企业市净率有积极影响

2018年,塞拉芬所做的一项研究科学地证实了上述可持续性评级和财务盈利能力之间的关联。据塞拉芬称,坚持可持续发展的企业其财务盈利能力会随时间而增加,并受到积极公共信息的影响。在塞拉芬的模型中,他研究了企业的可持续性评级变化是怎样影响企业使用月末价值衡量市场价值的。可持续性评级较高的企业,其市净率和股本回报率(ROE)也比较高。可持续性评级的提升对可持续性评级较好的企业的市净率影响是对可持续性评级较差的企业的市净率影响的2~3倍。由此可以得出结论:企业的良好声誉及媒体形象对其市净率有积极影响。

在研究中,塞拉芬将明晟的可持续性评级与Truvalue Labs提供的大数据相结合,这些数据源自各企业在2009—2018年间产生的与可持续性相关的正面和负面信息。这项研究的独特之处在于,它是第一个将明晟丰富的数据与有关企业的可持续性信息相结合的研究。需要说明的是,信息是以文章的数量来衡量的。Truvalue Labs每天都会用算法来查找各企业与可持续性相关的文章,然后根据可持续发展会计准则委员会的重要性框架(即可持续发展会计准则委员会根据行业特点确定的对财务回报有重要影响的因素)对这些文章进行梳理。

可持续性评级与资本回报率呈正相关

根据北欧联合银行的研究,可持续性评级与资本回报率(ROCE)[①]呈正相关。如图8-2所示,2017年,可持续性评级最高(AAA)的企业更加成功,它们的占用资本回报率比可持续性评级较差(B&CCC)的企业高50%。

---

① 即税后经营利润与占用资本之比,该指标被用于衡量占用资本创造税后经营利润的能力。——编者注

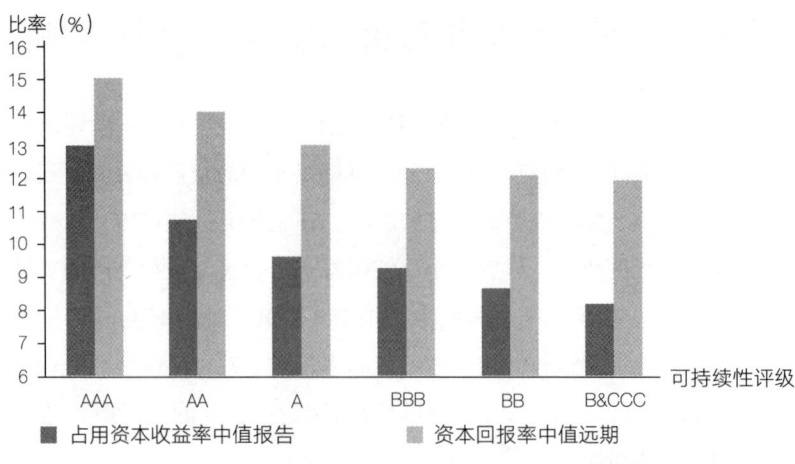

图 8-2　2017 年根据可持续性评级得出的资本回报率

资料来源：北欧联合银行、明晟可持续性研究，经 ESG 公司许可转载。版权归 ESG 公司所有。

可持续性要素的重要方面对回报有重大影响

研究表明，可持续性要素的重要方面对回报有重大影响。2016 年，卡恩（Khan）、塞拉芬等人在著名学术期刊《会计评论》（The Accounting Review）上发表了一篇文章。该文章分析了 1993—2013 年 2 000 家美国企业在这方面的情况。根据他们的研究结果，在可持续性要素的重要方面表现优于基准企业的企业，其利润率增长更快，并产生了更好的风险调整回报。相比之下，在非重要要素上获得了较高的可持续性评级则不会产生同样的效果，有时甚至会减少回报。这里的重要性是根据可持续发展会计准则委员会的特定行业可持续性要素的重要方面确定的。

研究人员认为，这种现象不太可能是由致力于可持续发展的投资者产生的市场需求驱动的，因为这无法解释那些在可持续性要素重要方面评级较高的企业产生的良好未来回报，也因为投资者本应能从公开信息中区分重大和非重大投资。

罗杰斯（Rogers）和塞拉芬认为，首要问题不在于讨论清楚可持续性主题是否重要，而在于确定哪些可持续性问题将在未来变得越来越重要。例如，当可接受的企业行为规范在社会中发生变化时，可持续性主题的财务重要性可能会变大。非政府组织、媒体和其他利益相关者的关注点不一致，这反映的是商业利益和社会利益之间本身存在着不一致性，企业决策者可以对此做出反应。两位研究者强调，利益相关者对可持续性问题的压力可以在一夜间积累起来。

可持续性与企业应对风险能力的关系

无论经济周期如何，可持续性强的企业总是低风险的投资对象。2012年，阿尔伯克基（Albuquerque）、杜尔涅夫（Durnev）、科斯基宁（Koskinen）三人进行了一项研究。该研究表明，可持续性强的企业的客户更忠诚于其品牌，更愿意为产品支付更高价格（溢价）。尤其是在2008年经济衰退期间，可持续性强的企业和可持续性不强的企业之间表现出的差异非常明显。对于前者而言，稳定的净销售额和股价表现降低了资金成本，降低了企业的总体风险，使股票更具吸引力。

2004—2010年，该研究调查了34个国家的3 005家企业，金融危机的影响被考虑在内。研究人员根据这些企业的可持续性数据对它们进行了评分，同时考虑了良好的公司治理以及与员工、健康和安全、招聘和裁员、工作场所实践、环境和气候等相关风险。

新冠疫情期间的可持续发展企业

2020年，奇玛-福克斯（Cheema-Fox）、拉佩拉（LaPerla）、塞拉芬等人发现，具备较好的可持续发展能力的企业已经从2020年3月暴发的新冠疫情所导致的股市暴跌中很好地恢复过来了。他们分析了全球3 000多家企业。根据这项研究，积极分享危机应对措施并向利益相关者展示出可信赖承诺的投资对象受回报骤降的影响最小。

对于企业而言，它们可以使用 Truvalue Labs 提供的大数据来评估企业形象。评估将从企业在人力资本、供应链、产品和服务方面采取的措施来衡量其面临危机时的恢复力。这些企业的可持续性是根据明晟和 Sustainalytics 提供的可持续性数据来衡量的。结果显示，明晟的数据和危机应对活动之间存在着显著的相关性。

该研究的结论是，在危机期间，企业灵活的应对能力和与利益相关者充分沟通的能力得到了突出体现，而它们的可持续性在这一过程中发挥了重要作用。尽管股市暴跌，但机构投资者仍继续积极投资这些企业。

可持续性评级与企业市值波动的关系

学术研究表明，**可持续性评级较高的企业比可持续性评级较低的企业市值波动性低**。2016 年，根据韦尔海登（Verheyden）、埃克尔斯（Eccles）和费纳（Feiner）的研究，使用基于可持续性评级的同类最佳筛选法的投资组合，其波动性和损失风险低于未经筛选的投资组合。2018 年，北欧联合银行基于明晟数据的研究也表明，2012—2018 年，与可持续性评级较低（B&CCC）的企业相比，可持续性评级最高（AAA）的标准普尔 500 指数成分股的股价波动率低 8 个百分点（见图 8-3）。

2014 年，沃尔特（Walter）等人研究了 1990—2012 年美国股市上共出现的 748 次首次公开募股（IPO）和股权再融资（SEO）情况。从结果来看，与管理环境问题不善的企业相比，环境友好型企业获得了 7% 的平均溢价。环保要素在短期和长期投资中都产生了积极的影响。据研究人员称，"绿色溢价"可以用这样一个事实来解释，即投资于环境友好型企业的风险低于投资于对照组中的企业。

股价波动中值（%）

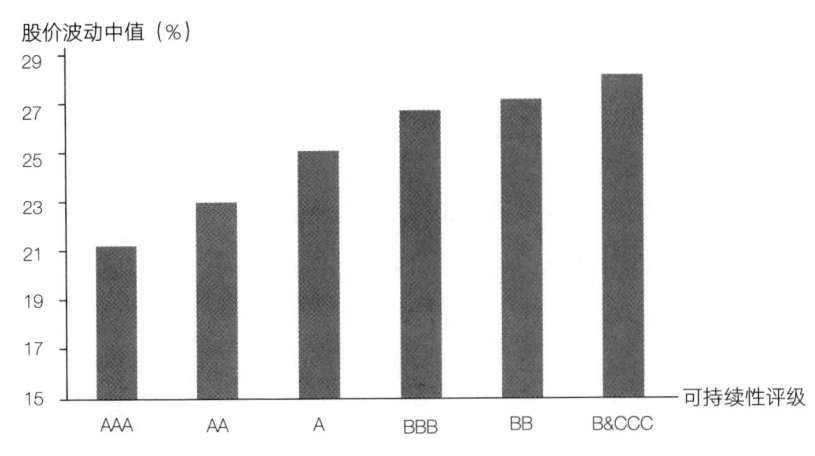

图 8-3　股价随可持续性评级的变化而变化

资料来源：北欧联合银行、明晟可持续性研究，经 ESG 公司许可转载，版权归 ESG 公司所有。

2008 年，特霍斯特（Ter Horst）和他的研究伙伴认为，长期来看，一家企业会因不负责任而丧失信誉并产生诉讼费用，从而损害到股东的回报。**可持续性因素在资产管理公司的短期投资决策中发挥了重要作用，且被视为短期风险管理的重要手段。**在出现严重问题时，潜在的违约对投资对象的市值会迅速产生重大影响。例如，2015 年，大众汽车的排放丑闻被广泛报道，这对整个汽车行业的股票市值都产生了负面影响。2010 年，英国石油公司的墨西哥湾漏油事件导致该企业市值在 3 个月的时间里下跌了 50% 左右。东京电力公司福岛第一核电站的核泄漏事件也导致了该企业市值的下跌，与此同时，其他许多使用核能的企业市值也跟着下跌。

各种可持续投资方法的回报状况

主动所有权投资法是利用可持续投资创造附加值的有效方法。2015 年，迪姆森（Dimson）、卡拉卡斯（Karakas）等人审查了 1999—2009 年的美国上市公司，在投资者是否有效参与到企业运营方面，他们确定了 382 例成功案例和 1 770 例失败案例。对于后者，当时，机构投资者就被审查的企业存在的与可持续性相关的主要问题向相关企业发出警告，并要求其进行整改。研究发现，成功地参与到企业的运营中对企业的可持续性发展水平以及财务状况的改善都有积极影响。根据该项研究，与没能较好地参与到企业运营中并获得相关超额回报的投资相比，成功地运用了主动所有权投资法的投资会带来风险调整后的正向超额回报，即回报超过零风险投资。参与合作的第一年，获得的超额回报超过 7.1%；第二年以后，每年的超额回报都在 2.3% 以上。在参与了公司治理以及与气候变化相关工作的情况下，积极回报的影响尤其显著。

研究认为，公司治理在可持续性要素中起决定性作用：如果公司治理有序，则可以假定其他方面也管理得很好。2016 年，都仁（Duuren）、普兰丁格（Plantinga）、史高顿（Scholtens）对可持续性要素进行了分析。他们发现，与环境和社会方面的要素相比，欧洲和美国投资者给予公司治理要素更高的权重。

根据迪姆森等人 2015 年的一项研究，当投资对象在公司治理方面的做法上存在不足时，所有致力于可持续投资的机构投资者通常都会采取主动所有权投资法。当投资对象存在有关可持续性的声誉问题，但有能力实施变革时，主动所有权投资法更有可能取得成功。主动所有权投资法提高了机构投资者在所有权结构中的占比。主动所有者之间的合作增加了成功改善环境和社会方面的可能性，而在关于环境或社会方面的成功参与通常会与资产回报率呈正相关。

并非所有的排除都会减少回报

根据 2019 年的一项实证研究，1980 年至 2003 年，罪恶股票产生的回报要比其他股票产生的回报高 3%～4%。然而，由于主要机构投资者的回避，它们的平均估值被低估了 15%～20%。但 2019 年晨星的相关材料显示：自 2014 年以来，专门投资罪恶股票的邪恶基金（Vice Fund，现在也称 Vitium Global Fund）的回报率低于标准普尔 500 指数成分股的整体回报率，特别是在过去的一年里，前者的回报率比市场低 20% 左右。

此外，最近的一项学术研究分析了瑞典国家养老基金 AP7 和政府（全球）养老基金的投资组合，同时测试了严格的排除法是否影响了它们的投资回报。政府（全球）养老基金此前曾报告称，排除烟草企业之举在经济上并非有利可图。2018 年，霍普纳（Hoepner）等人研究了基于特定行业的排除对这两只投资基金的影响。2001—2015 年，从整体上看，排除[1]并没有损害投资组合的盈利能力，因为它没有减少投资组合的平均长期回报。在被排除的投资中，只有烟草企业会产生风险调整后的超额回报。与被排除的投资相关的风险平均要高于投资组合中剩余投资的风险。需要指出的是，排除法所排除的一直是整个投资组合中的一小部分。总之，投资者的道德目标可以在不牺牲财务回报的情况下得以实现。

可持续性整合法和正向筛选法产生最佳回报

2007 年，肯普夫（Kempf）和奥斯托夫（Osthoff）在研究中得出了产生回报的简单方法：购买可持续性评级高的企业股票，[2]并想办法剥离在这方面表现不佳的企业股票。研究人员表示，**通过正向筛选法选出同类中表现最佳的企业，即可获得最佳回报。**负向筛选法则无法产生同样的结果。1992—2004 年在美国上市的企业中，投资者选取的在各自行业中可持续性评级最高的企业可以得到最佳收益。每年产生的超额收益率高达 8.7%，即便考虑到交易成本，超额收益依然显著。

---

[1] 根据这项研究，2001—2015 年，由 AP7 和政府（全球）养老基金排除的企业数增加了 500% 左右。到 2015 年，总共排除了 129 个投资对象，理由是这些投资对象与争议性武器、人权问题、环境问题、烟草和劳工权利等问题相关。从地域上看，被排除的投资对象数量较多的是北美洲（56 家）、亚洲（29 家）和欧洲（22 家）。

[2] 可持续性评级基于 KLD 指标。该指标为 KLD 研究与分析奠定了基础。如今，KLD 指数是明晟精选的一部分，基于的是特定企业的可持续性评级。在研究中，KLD 指标通常用于描述可持续性，因为它包括了一系列的可持续性维度。KLD 400 指数也是基于这一指标，描述了美国 400 家最大的上市公司的可持续性。

2011年，德瓦尔（Derwall）、科迪克（Koedijk）和霍斯特（Horst）报告称，1992—2008年，不考虑可持续性要素的投资在短期内产生了更好的回报，而考虑了可持续性要素的投资则产生了更好的长期回报。就地域差异而言，众所周知，欧洲投资组合经理更相信可持续投资的积极影响，而美国投资者则认为可持续投资组合的风险更低。该结果基于都仁等人在2016年对126位国际投资组合经理的研究，其中大多数投资组合经理在投资决策中都考量了可持续性因素。

2016年，韦尔海登等人研究发现，在可持续性数据可用性更强和质量更高的欧洲和北美，同类最佳筛选法对增加投资回报和规避风险损失有积极影响。这项研究考察了2010—2015年各行业中可持续性排名前10%的企业或各行业中排名前25%的企业的投资组合。研究人员将该组合与包含所有投资对象的投资组合进行了对比。与所有投资对象的平均每日回报相比，选择各自行业最具可持续性的企业的投资组合，其股票产生的每日回报更多。同样，其他股票比被筛选出的股票更有可能产生负的每日回报。据研究人员称，当根据投资组合的每月回报检查风险水平差异时，相比于使用筛选法创建的投资组合，未筛选的投资组合的损失风险略高。在比较各行业时，同类最佳筛选法对非耐用消费品和医疗技术行业投资回报的积极影响最大。研究人员发现，可持续性筛选对能源行业回报的影响最弱。据研究人员称，同类最佳筛选法中的差异可以通过法律法规、可持续发展水平和行业间可持续发展数据的可用性差异来解释。

可持续投资研究的发展方向

过去有观点认为，可持续投资增加了企业成本，降低了企业在高效市场上的竞争力。**然而，全球商业环境的变化造成了这样一种局面，即越来越多的企业通过提升可持续发展能力来获得竞争力。**之前有研究表明，可持续投资对投资者的回报或风险没有影响。例如，2016年，奥尔（Auer）和舒马赫（Schuhmacher）在使用Sustainalytics的可持续性数据考查月度回报后报告说，相比 2004—2012 年的被动股票市场投资来说，积极选择可持续性评级高或低的股票不会带来风险调整后的超额业绩。

另有一些研究表明，可持续投资降低了分散风险的可能，同时也错过了一些潜在的分散机会。随着可持续投资变得越来越普遍，研究人员对传统的投资组合理论提出了挑战。根据传统的投资组合理论，投资应广泛分布在各种投资对象之间，以管理与投资对象有关的风险。但有研究表明，虽然可持续投资限制了多样化的机会，但投资对象较高的可持续性评级也大大降低了与单个投资对象有关的风险，因此，经可持续性筛选的投资组合的总体多样化风险较小。2016 年，在韦尔海登等人的一项研究中，在投资组合中，有 3/4 的投资经过了可持续性筛选，这使多样化策略变得无效，且经可持续性筛选的投资组合在调整风险后获得的回报超过了未经筛选的投资组合的回报。

由于研究结果存在争议，投资者必须检查这些研究是何时、何地、以何种方式进行的。

可持续投资策略

可持续性的主要衡量方式

- 使用企业报告的可持续性指数（如 KLD 指数）。
- 使用单独的可持续性评级。
- 以多种方式分别测量环境、社会和公司治理要素。
- 仅比较正向筛选法的影响和负向筛选法的影响。

可持续性评级之间的差异也可能由可持续发展数据来源（如可持续性评级机构和评级数据库）之间的差异所致。研究表明，彭博社、Asset4 数据库和 KLD 的材料在范围和对风险要素的考虑方面存在巨大差异。

一项对 5 家可持续性评级机构（Asset4、KLD、Robe-coSAM、Sustainalytics 和 Vigeo-Eiris）的最新学术研究表明，这些机构的评级之间的相关性平均为 0.61，具体数值从 0.42 到 0.73 不等，而穆迪和标准普尔提供的信用评级的相关性为 0.99。

此外，巴克莱银行和施罗德集团在它们的报告中也指出了明晟、Sustainalytics、汤森路透等不同机构之间的可持续性评级存在差异的情况。2018 年，施罗德集团对不同的可持续性评级机构进行了比较，观察了同一家企业从不同的可持续性评级机构获得相同可持续性评分的概率。据研究称，根据明晟和 Sustainalytics 的可持续性评级，在评级最高的企业中，只有前 20% 几的企业获得了相同评级。在评级最差的企业中，明晟和 Sustainalytics 的评级之间的相关性甚至更小，仅仅不到 10%。换句话说，并不是所有的研究都直接具有可比性。相反，投资者应该总是比较基于相同可持续性评级的研究。

虽然可持续投资通常被认为是能产生超额收益的，但投资者必须始终研究可持续投资的方法，以及可持续性是如何被衡量的。

据目前所知，大部分研究表明，可持续性和财务回报之间呈正相关性。然而，在解释这些研究时，还必须考虑到研究结果的局限性。一项研究从完成到最终发表之间的时间跨度通常以年为单位来衡量。因此，学术研究通常不包含近年来的实证数据。因此，这方面没有多少科学发布的研究数据可以参考。同样，早期研究中使用的一些指标如今也不再适用。

研究结果取决于研究中选择的时间范围，即这一现象（如回报）是在长期

第 8 章
可持续投资回报的影响因素

还是短期内进行研究的,包括在研究中选择的时间点等情况都需要考虑在内。同样值得注意的是,为了衡量可持续性要素,以前的研究还使用了比今天更原始的可持续性衡量材料。在解释研究时,必须考虑材料的年代和当时可用的测量方法。例如,当研究中所使用的可持续性数据是基于各企业报告的可持续性信息时,必须理解可持续发展报告的一般局限性(相关内容见第 4 章)。在解释研究结果时,最好记住这一现象的发展及其对结论的影响:

- 研究者在研究中使用了约 50 种不同的指标来测量可持续性数据。
- 提供可持续性数据的企业数量在以惊人的速度增长。早期的研究是在只有少量企业可以提供可持续性数据时进行的。
- 可持续性和财务回报之间相关性的研究,结果非常一致。可持续性和财务回报之间的相关性意味着两者之间存在关联,但不能仅根据这种关联确定事件的顺序。
- 解释因果关系比显示相关性要困难得多,还需要考虑时间维度和一些控制变量(如行业、规模、法律法规等)。
- 大多数研究基于的是统计方法。使用社会科学研究方法进行的解释性访谈研究仍然很少见,但这种研究可以帮助投资者更好地理解复杂的因果关系。

第 9 章
影响企业可持续性盈利能力的因素

一家企业的可持续性与财务盈利能力有显著关系。投资者必须了解可持续性相关方面对财务的影响,这样才能全面评估投资的风险回报率。

净销售额

伴随着世界和经营环境的不断变化,拥有可持续发展能力的企业能够更好地经营自己的业务。企业的可持续性通过销售量和销售价格来影响净销售额。在通往可持续性的道路上,挑战中也蕴含着机遇:企业可以提供与可再生能源或洁净水等相关的产品和服务。另外,一些企业要求其供应商具有可持续性,这使得可持续性成了销售的一个先决条件,那些具备了较好的可持续性的企业获得了更高的销售量。一些消费者也愿意为负责任的产品或服务支付更高的价格。生态标签、国内产地、可再生原材料,以及在消费者本国生产产品和提供服务,这些都是吸引消费者、增加销售额的常用方式。根据一些研究,在经济衰退期间,消费者仍然忠诚于他们认为具有可持续性的产品。

SUSTAINABLE INVESTING
可持续洞察

凯撒·希塔拉 | 企业家
（Kaisa Hietala）

能源行业是一个很好的例子，它向人们展示了传统的商业运作在面对可持续性挑战时，如何以建设性的方式积极应对。依靠在行业中长期积累的专业知识，勇敢面对挑战，人们已经形成了新的业务模式。这些业务不再依赖化石燃料资源。以前被视为未来整个行业威胁的，如今正成为一条新的增长路径。

太阳能和风能为能源转型铺平了道路，而以氢能为基础的解决方案将继续推进这一进程。同时，化石分子被燃料和塑料中的可再生分子所取代。气候变化正从根本上塑造着整个能源行业以及该行业的盈利逻辑和跨行业的业务模式。

对于投资者来说，评估与净销售额有关的机遇和风险至关重要。评估时可以从以下四大维度出发：

- 该企业是否有与全球正在面临的可持续性挑战的解决方案相关的业务模式？这些产品和服务占该企业总销售额和总收入的比例是多少？未来会有怎样的发展？
- 该企业为实现可持续发展进行了哪些类型的投资？这些投资将会如何影响未来的现金流？
- 就客户日益增长的可持续性要求或法律法规的变化而言，净销售额的发展会带来哪些风险？
- 该企业如何评估主要利益相关者的期望？利益相关者如何影响企业形象和业务运营？

第 9 章
影响企业可持续性盈利能力的因素

经营成本

许多企业都试图通过可持续经营来降低成本,典型的方法包括减少能源和水的消耗以及减少废弃物排放或污染。当减少消耗从环保的角度看合理时,就更容易激励员工节约成本。

同样,不良的可持续性管理或对可持续性问题的无动于衷会无端地增加成本,同时减少投资回报。常见的负面影响包括不必要的高水平能源消耗和排放、高员工流动率和环境保护税。

即使出现单一的可持续性风险,也会导致企业产生巨大的成本并蒙受一定的收入损失。当然,企业在可持续发展方面的努力也会产生成本。也正因此,许多企业都在努力增加净销售额,使其超过谋求可持续发展过程中所产生的成本。

> **SUSTAINABLE INVESTING**
> **可持续洞察**
>
> **帕斯·韦萨尼** | 北欧联合银行股权研究高级分析师
> (Pasi Väisänen)
>
> 在理想情况下,可持续的商业运作通过增加企业的净销售额,使企业获得盈利。如果可持续运营能立即减少支出,企业可能很久以前就在谋求可持续发展了。如果最终客户不愿意为可持续产品和服务支付更高的价格,那么可持续运营就未必会产生竞争优势。然而,作为一项规则,各企业在努力满足客户需求的同时,也在尽量满足可持续经营的法定要求。
>
> 例如,避免在包装中使用塑料的做法仍然会增加生产成本,至少目前如此。如果消费者不愿意接受更高的销售价格来承担一部分上涨的成本,那么该企业的净销售额就会因客户流失而减少。在这种情况下,可持续性必须能为客户创造巨大的

价值，只有这样，客户才愿意为产品支付更高的价格，企业才能持续盈利。因此，终端客户的消费选择起到了关键作用。投资者也可以通过他们的活动产生影响。例如，由于欧盟塑料指令的存在，投资者已经开始回避投资涉及使用塑料的企业，这也反映在股价和估值因素中。换句话说，为了给股东创造附加值，企业必须考虑投资者发出的信息，同时也要将消费者考虑在内。

以下是投资者可以用来评估有关可持续性的成本影响的一些角度：

- 该企业的经营活动是否有可能成为未来成本的重大历史负债？此类负债可能包括污染土壤或有损人类身体健康等历史责任。
- 政治压力和未来的法律法规会对行业成本产生怎样的影响？企业所处行业是否存在直接罚款成本，或因原材料税收提高而产生的间接成本？企业的可持续发展战略是不是旨在建立一个未来成本更低的商业模式结构？

财务成本

可持续性评估是管理投资风险的重要举措之一。如果一家企业未能报告重大的可持续性问题，就会增加不确定性，从而增加投资风险。对于被评估为高风险的企业，其融资条件苛刻，这意味着它的财务成本会更高。

近年来，银行向客户发放的与可持续发展挂钩的贷款越来越多。在这些贷款中，息差与企业可持续发展目标的实现情况挂钩，可持续发展目标是通过单独协商的关键绩效指标（如温室气体排放量、事故发生频率和人权审查）来衡量的。

投资者也为风险投资对象设置了更高的回报要求。可持续性风险的发生可能会降低净销售额，提高成本。在这种情况下，企业不再能偿还贷款或履行其他财务义务。这样,投资对象最终的资本回报率可能会低于加权平均资本成本(WACC)[①],无法为所有者创造价值。

除了避免投资特定企业之外,基于可持续性因素的考量,投资者可能也会避免投资某一类型的其他投资对象。比如业务运营依靠生产或使用煤炭的企业,近年来,许多投资者已经将此类企业排除在投资名单之外。随着社会的发展,减少煤炭使用逐渐成为可能。这类投资行为变得越来越普遍,它对相关企业的股权和债务融资成本产生了越来越大的不利影响。

可持续投资策略

评估影响财务的可持续性因素的主要标准

- 回报要求中是否应考虑与投资对象相关的重大可持续性风险?这些风险会导致企业破产或大幅降低未来回报吗?
- 企业的业务运营是否会被投资者排除在投资名单之外,从而影响财务成本,成为更广泛趋势的一部分?

纳税额

税收会对企业的净利润产生重大影响。作为可持续发展的一个方面,税收越来越受到重视,但同时也是一个非常具有挑战性的话题。不同的利益相关者

[①] 加权平均资本成本是按各类资本所占总资本来源的权重加权平均计算企业资本成本的方法。资本来源包括普通股、优先股、债券及所有长期债务,计算时需将每种资本的成本(税后)乘以其占总资本的比例,然后加总。——编者注

对企业的税务责任可能有不同的看法。

SUSTAINABLE INVESTING
可持续洞察

雷约·克努蒂宁
（Reijo Knuutinen） | 芬兰图尔库大学商法教授

这个问题有点复杂，但也非常有趣。可持续发展是不是意味着要纳更多的税？如果是这样，那么它降低了投资者的回报。或者，可持续发展是否意味着支付适当而公平的税款？是否提升纳税的透明度？这些问题会引发我们进行大量的研究和思考。

一般来说，企业需要在业务运营和财务收入的所在地纳税。自"巴拿马文件"[即2016年从巴拿马的莫萨克·冯赛（Mossack Fonseca）律师事务所泄露出的文件]引起人们对投资于避税天堂的资产信息的关注起，国际税收就成了公众在关于可持续性的辩论中热度不断升高的主题。这引发了人们对激进的税收计划、一般税收计划和避税的热议。①2015年，经合组织估计，根据欧洲议会研究服务中心（European Parliamentary Research Service）的估算，由激进的税收计划或税收损失引起的税收赤字在全球范围内为750亿～1 800亿欧元，在欧洲为500亿～700亿欧元。值得注意的是，新兴市场也产生了税收赤字。据一项来自联合国贸易和发展会议上的数据显示，2015年新兴市场的税收赤字为500亿～930亿欧元。

---

① 这些术语在公众热议中经常被混淆，在日常语言中，避税已经成为一系列税收计划的总称，但它们是有区别的。税收计划是指企业试图预测其在各种情况下的税务结果，并在税法范围内尽量减少税收。法律上没有对激进的税收计划的定义，但它是指根据现行法律利用单个国家税收制度的弱点或不同税收制度之间的边缘地带尽量减少税收的一种方式。避税是指企业为尽量减少税收，积极寻找税法中的漏洞和模棱两可之处。虽然避税符合税收制度的规则，但背离了法律的目的。在划分避税和税收计划之间的界限时，一个关键的标准是避税措施在某种程度上是人为的。换句话说，避税并不违法，但从可持续性角度来说，它是值得怀疑和不被认可的。

国际税收环境正在发生转变，经合组织和欧盟正在制定国际税收和国家间自动交换税收信息的新规则（如经合组织防止税基侵蚀和利润转移的 BEPS 项目以及欧盟的反避税指令）。近年来，针对大企业的强制性法定国别纳税报告有所增加，但相关信息提交给税务机关即可。然而，也有呼声要求相关企业更全面地公布具体国家的税收信息。

可持续投资策略

评估企业纳税情况的八大维度

- 企业如何定义其税务责任和原则？
- 企业上报的可持续性信息究竟有没有含税？为什么企业没有比其财务报表更详细地报告其税收？
- 企业如何公开报告其税收足迹？报告的信息是不是该企业的重要（财务相关）税务信息？
- 集团企业中是否包括"避税天堂公司"？该企业在这些国家运营的原因是什么？
- 企业的有效税率是多少？是否有别于类似企业或行业的正常有效税率？这个差异是由什么原因导致的？
- 可否使用公共数据来评估与税收有关的风险？
- 是否可能有任何与投资对象相关的税务事项因为消费者行为的变化或法律法规的变化而被证明是有问题的？
- 如果所使用的税收结构不再是可接受的，且要支付更多税款，那么收入将受到什么影响？

与可持续发展报告相关的重要性原则也适用于自愿纳税报告，这意味着企业可以根据自己选择的范围报告其纳税原则以及它们认为重要的纳税额。然而，被期望提供税务信息的企业往往将税务事项排除在其自愿披露的可持续发展报告的范围之外。此外，通过它们的报告，投资机构往往会将注意力转移到它们想要强调的税收上。在这种情况下，投资者将不得不尝试创建一个概览，并找出报告中的不足之处。为了创建概览，一个好方法是检查各业务领域的直接和间接税收。

对于可持续投资者来说，弄清楚税收方面的情况尤其具有挑战性。以投资回报为例，它至少在短期内可以通过（激进的）税收计划和避税来提高。然而，这可能与投资者自身秉持的可持续投资原则相冲突，也可能因法律法规等情形的变化导致风险增加。

投资者的可持续投资战略

可持续投资没有一个统一的理论。本书前面讨论的定义和国际框架诠释了可持续投资的概念。在此基础上，每位投资者可自行确定自己的可持续投资战略。然而，通过研究广为人知的经济学理论，并将负责任投资原则与这些理论进行比较，我们可以更好地理解可持续投资。

今天被认为是主流经济学的新古典主义经济学理论，在很大程度上是基于1976年诺贝尔经济学奖获得者米尔顿·弗里德曼（Milton Friedman）的观点。新古典主义经济学理论的基本观点是：企业的职责就是为股东创造价值。

爱德华·弗里曼（Edward Freeman）于1983年提出的利益相关者理论可以被视为新古典主义经济学理论的另一种观点。根据利益相关者理论，虽然企业的目的是创造利润，但必须考虑到利益相关者的期望。新古典主义经济学理论将所有利益导向股东，但利益相关者理论却将其他利益相关者（如员工、客户、供应商和非政府组织）也考虑在内，试图以某种方式让他们受益。换句话说，企业生产的价值是与利益相关者一起创造的，所以理应考虑利益相关者的需求和期望，但财务利润最终会导向所有者。利益相关者理论通常被视为企业社会责任的理论框架。因为它更广泛地考虑了企业的环境影响和社会层面，这些都体现为对利益相关者的影响。2011年，哈佛商学院的迈克尔·波特（Michael Porter）通过强调创造共享价值的理念，阐述了弗里曼的利益相关者理论背后的思想。根据波特的观点，企业不仅要为所有者创造利润，还要满足社会需求，通过可持续的方式解决社会上的问题。

可持续投资在意识形态上属于哪种理论？图9-1说明了两种理论框架之间的差异。新古典主义经济学理论强调投资者是利益相关者，但并不排除可持续的商业动作。有观点认为，对弗里德曼思想的解释和应用在商业世界已经走得太远了，也就是说投资者可以"不惜一切代价"谋求利益。当然，这个理论本身并不鼓励任何人不负责任地行事。长期以来，可持续发展在美国的商业传统中表现为一种非常鲜明的捐赠文化，这一现象可能会强化企业不负责任的形象。

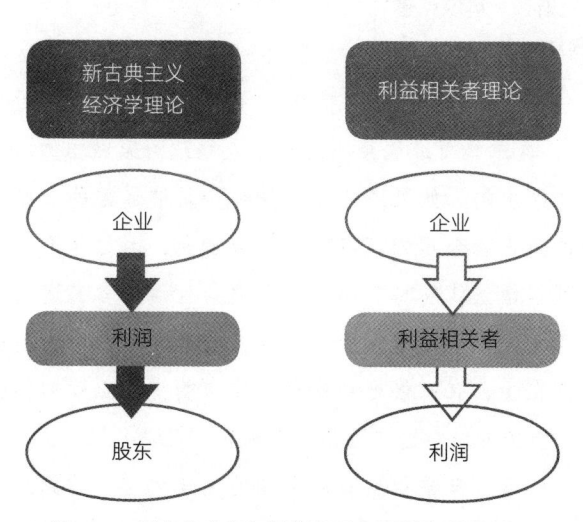

图9-1 新古典主义经济学理论和利益相关者理论

同时，利益相关者理论通过对利益相关者的考虑来寻求企业发展的可持续性。根据利益相关者理论，企业通过考虑利益相关者的情况而在意识形态上产生回报。然而，这并不能保证企业在实际经营中具备可持续性。正如新古典主义经济学理论所称，企业不会自动不负责任地运营。相反，它会通过为全球问题提供解决方案的产品和服务为利益相关者创造价值。根据这两种理论，企业必须为股东创造价值，但这是通过不同的侧重点来实现的：新古典主义经济学理论强调所有者是利益相关者，而根据利益相关者理论，所有者获得的回报是通过考虑主要利益相关者的期望来实现的。

从可持续投资的角度来看，这些理论并没有对错之分。通过了解这些特点，投资者可以完善自己对可持续经营和可持续投资的理解。可持续投资并不完全建立在某一特定理论的基础上。投资者必须确定自己的可持续投资原则，并评估其投资对象在商业社会中的目的。

SUSTAINABLE INVESTING
可持续洞察

塞克斯顿·科尔克曼 | 经济学家
（Sixten Korkman）

米尔顿·弗里德曼曾说："企业的职责就是为股东创造价值。"这意味着道德声明是由个人和政治家做出的，而不是由企业做出的。如果遵守法律法规是足够道德的，那么这个立场就是正当合理的。但事实并非如此，因为并不是所有事情都可以由法律管辖。因此，在商业生活中考虑道德问题，并让个人和企业采取相应的行动，符合整个社会的利益。问题可能在于，有时很难判断什么在道德上是正确的。有效的非政府组织可以在这方面提供帮助。

形象、声誉和品牌是企业的无价之宝。因此，就盈利能力而言，无论所有者或管理层是否秉持了可持续发展原则，道德方面的考量对企业来说都很重要。如果可持续性得到了合理地定义并能很好地衡量，那么市场、消费者和投资者最多只会促使企业采取更恰当的行为。

企业的可持续发展战略

对可持续的商业运作和可持续投资重要性的认识已经成为广泛热议的主题。特别是，机构投资者对企业根据可持续发展目标解决自身可持续性问题的期望有所提高。相关研究和商业管理文献都强调了企业应积极创造共享价值，该观点主要是由获得"毕晓普·威廉姆·劳伦斯·大学教授"称号[①]的迈克尔·波特提出的。

SUSTAINABLE INVESTING 可持续洞察

佩尔蒂·科尔霍宁（Pertti Korhonen） 业内专业人士

致力于可持续发展的企业会努力满足周围社会的期待，并为社会问题提供解决方案，从而为所有者创造利润。一家谋求实现可持续发展的企业能够以这样的方式定位自己，即为社会创造正附加值，为所有者创造利润。正附加值较大的企业包括帮助回收原材料、减少污染或减少健康问题的企业等。可持续性因素应被纳入企业的使命和战略（即企业的业务运营目标）中。投资者可以据此测试，该企业是否有这种"共享价值"思维，或者该企业是否只是一台赚钱的机器。

波特将战略定义为企业追求竞争优势的活动。根据波特的观点，这些战略

---

① 该称号为哈佛大学的最高荣誉。——编者注

职能必须相互兼容。管理层必须找到一个兼容各职能的工具包，使企业从当前目标发展到未来目标。可持续性必须是企业战略中不可分割的一部分，与企业其他的业务相兼容，并与企业的专业知识相联系，这样它就是可信的且有益于企业发展的。

2012年，根据阿尔伯克基、杜尔涅夫、科斯基宁的研究，可持续发展的先驱者和战略领导者受益于早期实施的可持续发展战略。众多资料表明，在一个行业中率先实践可持续发展理念的企业通常能获得更广泛的市场份额。2016年，比玛尼（Bhimani）等人也表示，行业中的先驱企业为自己创造了竞争优势。根据波特和克莱默的研究结果，没有纳入可持续发展视角的战略似乎不是最佳选择。

根据投资对象的可持续发展战略，可以将投资对象大致分为三类：先驱者、领导者和初创者。

先驱者将可持续发展作为战略核心。它们的商业理念是支持可持续发展。在最好的情况下，创新可以帮助其他运营商从事更可持续的业务运营，或者帮助客户做出更可持续的选择。这个群体包括清洁技术和循环经济企业等。对现有大企业来说，短期内彻底改变经营策略可能不太现实。因此，基于研究的技术孵化企业（衍生企业）可以实施这一战略，并通过可持续发展建立新的竞争优势。

领导者通过将可持续发展融入它们现有的战略来修正其商业理念。这不是表面功夫，因为这种类型的战略通常需要对旧战略进行重大变革。为了使变革可信，企业必须向投资者传达它的实际发展需求和对更可持续业务运营的投资。

初创者通过添加一些可持续性要素或创建一个单独的可持续发展战略来修正它们原本的商业理念。可持续性可以用于市场营销、形象塑造等方面，它们不需要花费很高的成本，也不需要能带来成本效益。这些企业经常模仿其他企业，而不是制定新的解决方案。在这里，可持续性并不能为企业带来竞争优势，但也不会使企业背负完全不负责任的名声。大部分企业均处于这一阶段，这也是初创者的起步阶段。

> **SUSTAINABLE INVESTING**
> **可持续洞察**
>
> **拉米·韦赫马斯（Rami Vehmas）** | 伊尔玛利宁相互养老金保险公司高级投资组合经理
>
> 具备可持续性的企业战略是业务运营能取得长期成功的前提条件。这类企业战略也可以是一种竞争优势，缺少或未充分实施这类战略会大大增加企业对投资者的风险溢价，使企业面临客户日渐强烈的可持续发展诉求的挑战，以及承受法律法规的影响。

在可持续发展工作开展之初，企业可能会发布单独的可持续发展战略，但不会发布可持续性的企业战略。在这种情况下，可持续性尚未深入地融入其业务，协同作用有限。而高度发达的企业则将可持续性作为其战略核心。这些企业意识到，可持续性已经成为利益相关者对它们的一项要求，并且存在着遵守要求的规范性压力。**对于投资者来说，评估企业的战略带来了怎样的竞争优势，可持续发展战略在运营层面是如何实施的，以及投资带来的未来回报，这些均至关重要。**

管理层在企业可持续发展中的重要作用

管理能力通常被视为投资评估中最重要的标准之一。如果一家企业的战略特别强调可持续性，那么此时，评估可持续性管理的状态和做法就非常重要了。根据比玛尼等人2016年的研究结果，企业之所以没有实现大部分的可持续发展目标，是因为其可持续发展战略仍然与实际行动、薪酬以及管理团队的工作相分离。与没有人负责可持续发展的企业相比，可持续发展经理的任命与可持续发展目标的实现相关。此外，可持续发展经理的任命还能够向利益相关者表明，可持续性已经受到了该企业的重视。

SUSTAINABLE INVESTING
可持续洞察

安妮·布鲁尼拉 | 业内人士
（Anne Brunila）

可持续发展需要贯穿于整个组织。它不是企业中的一个独立职能，而是包含在所有业务中。遵守法律和国际规范只是一个开始，这是企业可持续运营的基础。在此基础上，企业可以开发创造拥有竞争优势的产品和服务，并为全球的可持续发展问题提供解决方案。

要让董事会认可企业的战略，董事会必须能够将可持续发展视为一种竞争优势，能够清楚地知道哪些可持续发展方面对企业至关重要，并设定相关目标以监督其实施。当可持续发展目标被纳入ERP系统、薪酬和奖励系统时，将会取得极佳的效果。这需要董事会具备可持续发展方面的专业知识和经验。向董事会成员提供与可持续发展相关的培训也是一个好办法。如今，对投资者来说，可持续性已成为投资时会考量到的一个基本因素——这是企业需要做好的事情。

SUSTAINABLE INVESTING
可持续洞察

水野弘道 | 日本政府养老投资基金前首席投资官，特斯拉、达能等企业董事会专业人士
（Hiromichi Mizuno）

董事会必须对管理层实际未必负责的事情负责，尤其是对企业的长期和短期利益负责。董事总经理可能会过度听取分析师

的预期分析，做出短视的决定，从而影响了所有者的长期利益。过于关注当前情况，管理层可能无法再与企业一起享受具有可持续性特点的业务决策所带来的成功和喜悦。我认为，董事会必须保护董事总经理和企业战略，使其免受目光过于短浅的投资者的影响。这个世界需要改变游戏规则的人，他们理解主动所有权原则，并能考虑整个经济的长期健康发展。主动所有权拥有者能更好地理解业务运营的综合影响，即ESG和回报之间的长期联系。

衡量企业业绩是战略监控和管理的前提条件。平衡记分卡已经被许多企业确立为战略监控工具。管理层不仅用它来监控财务业绩，还用它监控客户的经营和内部的流程管理，以及组织的学习和成长。

行业中的先驱者现在已经达到了将可持续性融入记分卡和薪酬的阶段。例如，薪酬调整可以基于可持续产品净销售额在总销售额中所占份额的提高、员工福利的改善、可回收或可再生材料数量的增加或碳足迹的变化等作出。在文献中，具有可持续发展维度的记分卡被称为可持续发展记分卡。可持续发展目标的设定和测量为管理层提供了一个监控业务在运营过程中发生变化的机会，进而发现潜在的警告信号并及时实施必要的纠正措施。

越来越多的企业在官网和可持续发展报告中提供了ESG信息。然而，一个行业的先驱者通常会为行业确定报告的标准，其他企业会争相效仿。通常，刚开始编写报告的企业会通过与竞争者对比的方式来进行。先驱者还可以尝试影响立法机关和利益集团，进而更广泛地影响该行业的发展，为行业内企业的业务运营创造更好的发展机会。

企业道德

企业丑闻（如安然公司的财务造假事件和汽车行业的排放造假事件等）几

乎总是源于可识别的企业道德问题。通常情况下，问题企业的员工调查结果都很糟糕。受访者可能担心，如果举报不道德的行为，他们将受到惩罚；如果就道德问题寻求帮助，他们会感到不安全。他们的同事存在不道德行为，将结果置于诚信之上。根据受访者的说法，不端行为者可以向管理层行贿，这让受访者认为，他们不被尊重。监察人员也容易收受贿赂，在发现道德问题或不当行为时不会采取适当的措施。有问题的企业没有清楚地表明它的道德期望和纪律准则，这让员工无法意识到不良行为的后果。在有问题的企业进行的员工调查也经常显示，管理层不鼓励员工分享他们的意见，也不认为员工与管理层是平等的。有问题的企业会默许不道德的行为，不会迅速处理已确认的不当行为。

可持续投资策略

评估企业道德的八大维度

- 企业是否制定了任何道德准则或行为规范？
- 企业有举报渠道吗？是否披露了通过该渠道提交的报告数量？是否公开描述过报告是如何处理的？
- 企业是否进行了员工调查，以衡量他们对工作场所合法性的看法？
- 企业在多大程度上公开有关职业道德的讨论？例如与该主题相关的研讨会和讨论活动，以及对员工调查结果的阐述等。
- 企业是否曾因治理问题卷入与员工、客户或供应链的法律诉讼？
- 企业在工作满意度方面表现如何？在社交媒体上，人们对该企业的文化和职场状况是如何评价的？

第9章
影响企业可持续性盈利能力的因素

可持续性评级会对公司治理进行评分。然而，由于企业道德是许多个体的道德实践的总和，因此，作为良好的公司治理的一部分，想要对企业文化和企业经营的合法性进行评估和量化，具有一定的挑战性。内部审计和控制能揭示许多问题，但它们并非总能深入研究个人的行为和道德选择。

企业的可持续发展报告往往会强调取得的成绩，但不愿公开披露存在的问题。然而，如果企业也就发展需求进行沟通，投资者的感受会更好，因为完全缺乏信息会引起怀疑并增加风险。

SUSTAINABLE INVESTING
可持续洞察

妮娜·拉楚拉（Niina Ratsula） | 企业行为准则道德与合规顾问

对于践行可持续发展的企业而言，报告应持续提交，因为随着时间的推移，报告的问题会越来越细致。如果根本没有提交报告，那么投资者就应该提高警惕。以前，完成行为准则在线课程的员工数通常会在符合全球报告倡议组织的可持续发展报告中报告。如今，人们越来越在意影响力，于是，企业会将员工调查结果用于衡量员工对职业道德的看法。过程中，最重要的方面是展示如何在不同的组织层面公开讨论道德问题、员工如何轻松地解决问题而不必担心被报复，以及如何督促员工解决问题。

根据研究，持有强烈的企业道德感的企业最能令它们的利益相关者满意。与之相对的是，正如许多广为人知的企业丑闻一样，较差的企业道德会削弱财务业绩，最终导致投入资本的损失。出于风险管理的考虑，许多投资者都会避免投资有道德问题的企业，因为负面新闻会对企业运营和股价产生负面影响。不当的道德行为还会产生法律费用和其他成本，从而降低投资回报。

SUSTAINABLE INVESTING

Beating the Market with ESG

第五部分

北欧可持续投资的趋势和未来

第 10 章

通过可持续金融相关立法进行金融体系改革

人们日渐感到，金融体系的短期前景存在问题。向低碳社会转型所带来的巨大挑战，需要人们充分评估气候风险对金融体系的影响。金融体系的可持续发展目标，以及正在制定的法律法规，这些都将改变金融市场的激励机制，从而支持可持续投资。过程中，需要将长期的气候和环境风险考虑在内。

金融体系的可持续转型与气候风险管理

现金流应支持这一方向。据欧盟委员会称，为了实现《巴黎协定》的目标，仅在欧洲，每年就需要投入 2 600 亿欧元用于低碳和节能技术。公共部门无法独自应对这一变化，因此，欧盟正在为金融市场立法，以寻求私营部门的帮助，让这类投资更加具有竞争力。立法改革应该对投资回报产生影响，从而产生导向效应，修正投资市场，将资本重新引向可持续投资。

据估计，转型风险的出现将对投资对象的商业机会和价值发展产生重大影响。此外，新产品和新技术逐渐取代并摧毁了旧产品和旧技术的价值。投资者可以提前确定有多少资本与此类投资相关。例如，这可能涉及装有内燃机的汽车，这些内燃机汽车正在被电动汽车等不断发展的技术产品所取代。

SUSTAINABLE INVESTING
可持续洞察

西尔帕·皮蒂凯宁 | 欧洲议会议员，欧洲议会可持续金融报告
（Sirpa Pietikäinen） | 的欧洲人民党首席谈判代表

可持续金融行动计划旨在停止刺激不良投资，支持符合可持续发展的投资。这是解决气候变化和支持可持续发展的必由之路。国际金融市场的规模为85万亿美元，其中约30万亿美元因气候风险需要再投资。《经济学人》智库根据目前的发展情况估计，到2100年，由于气候变化的影响，全球将损失超过4万亿美元的资产，金融资产将陷入困境。如果全球平均气温上升6摄氏度，全球的损失将更加严重。

自引入复式记账法以来，可持续金融正成为当代最大的一轮金融市场变革。问题只是如何在不造成太大的市场混乱的情况下，以可控的方式实现这一变革。欧洲议会试图避免不受控制的煤炭领域的撤资问题。

2017年，根据欧洲议会的报告，据经合组织①估计，化石能源的公共补贴每年高达1 600亿～2 000亿美元。根据国际能源署的数据，这相当于经合组织和金砖国家国内生产总值的5%，是可再生能源补贴的2倍多。享受政府补贴的化石能源产生了全球13%的温室气体排放量。从这些数字来看，很明显，这一行业存在着公众反对使用化石燃料的政治压力。据估计，公共补贴的潜在削减，以及资本向可再生能源形式的潜在再分配，将对化石能源行业的长期投资回报产生重大影响。

---

① 经合组织最初是由欧洲和北美国家建立的。如今，该组织在这些地区之外也有成员国。经合组织侧重于经济合作，在其框架内制定了许多具有国际约束力的规则和建议。

第 10 章
通过可持续金融相关立法进行金融体系改革

欧盟可持续金融相关立法

近年来，一些国家或地区已经修订了有关金融行业的法律法规。例如，法国已经出台了具有约束力的法律法规，要求机构投资者全面报告与投资相关的气候风险。欧盟正通过拟议中的可持续金融法律法规，率先改革金融体系。

欧盟委员会于 2018 年 3 月发布了一项关于为可持续增长融资的行动计划，并于 2018 年 5 月发布了相关的立法提案。该行动计划中的一些项目尚在进一步明确中，所以它们存在不确定性。然而，让投资者知道正在制定什么样的法律法规，该法律法规的实施将对投资产生怎样的影响是有好处的。该行动计划旨在根据可持续发展原则引导资产投向，使可持续投资成为投资风险管理的一个重要部分，并提高投资活动的透明度和前瞻性。

相关立法新趋势

为了建立一个可持续的金融体系，欧盟计划在投资者看来至关重要的领域修订立法，**目前正在制定可持续经济活动分类系统（绿色分类）和相关的欧盟标准**。此举旨在列出哪些投资活动在气候变化、环境和社会方面是可持续的。该分类法将应用于欧盟关于可持续金融的立法上，① 包括投资产品的标准（如绿色债券）、可持续基准指数和任何未来欧盟投资产品的生态标签（如绿色债券标准）。

欧盟修订立法的目标还包括定期更新分类。这样做是为了防止"漂绿"的风险，从而方便人们在欧盟范围内为环保行动筹集资金。此举是基于欧盟的政

---

① 作为可持续金融行动计划的一部分，欧盟将对可持续性评级的质量进行全面研究。其目的是评估各种方法，审查市场结构和服务机构开展的研究和评级的覆盖面和深度，并评估运营商的独立性。

治目标，如遵守《巴黎协定》和联合国可持续发展目标而做出的。

拟议的法律法规旨在帮助机构投资者和资产管理公司认识到它们有义务将可持续性纳入投资决策和报告中。因此，在未来，可持续投资将是投资者对受益人的信托责任中明确界定的一部分。

拟议的法律法规将创建出新的基准类别："欧盟气候转型基准"（旨在减排）和"欧盟巴黎协定基准"。其目的是提高基准方法和要素的透明度及一致性，使投资者能够更好地评估其质量。这些基准背后的数据反过来又取决于其成分股发行人提供的充分的、标准化的报告。

欧盟正在试图更有效地将可持续性观点纳入信用评级和市场审查中，以使对可持续性的考量成为信用评级机构的一项义务。根据研究，企业的可持续性和财务成本、融资的可获得性呈正相关，因为高水平的可持续性和相关的透明度降低了风险。可持续性还将对所有投资对象的财务成本产生影响，特别是在投资债务（固定收益投资）等产品时，尤其需要将其考虑在内。

欧盟的法律法规包括一个具体目标，即在银行和保险公司的资本充足率要求中纳入可持续性。这意味着资本充足率要与金融风险相分离，因此，这将是一项关键的变革。该提案指出，银行、保险公司和养老基金可能面临与忽视环境因素有关的风险（包括气候风险），可能存在与客户的偿付能力和资本充足率相关的风险，以及可能由气候风险引起的系统性风险。

识别出客户对可持续发展的期望正成为投资建议中被要求呈现的一部分内容。今后，提供投资产品和保单的企业在向客户提供建议时，应考虑可持续性。提供投资建议的机构有义务评估客户的投资目标和风险承受能力，以便推荐给适合他们的金融工具或保单。欧盟也在寻找机会，在投资者适宜性评估中考虑可持续性。实际上，这意味着应将客户的可持续发展目标或可持续发展概况整合到投资建议中。

欧盟的可持续金融立法将改变企业的报告要求

尽管可持续投资已成为主流，但现实中仍然存在着一个关键问题，即在投资决策中实际考虑可持续性因素的程度。投资者报告称，与企业的可持续性信息的协调性、透明度和可比性相关的问题是 ESG 数据使用有限的最常见原因。欧盟的可持续金融立法试图通过提高企业的报告要求来解决这些问题。

SUSTAINABLE INVESTING 可持续洞察

西尔帕·皮蒂凯宁（Sirpa Pietikäinen） | 欧洲议会议员，欧洲议会可持续金融报告的欧洲人民党首席谈判代表

不会解读 ESG 数据的投资者将来会陷入困境。不了解 ESG 数据，就好比投资一家企业时不审查它的财务报表、资产负债表和关键数据，或者只看年报中工厂的图片。欧盟可持续金融行动计划的出发点是，推动可持续发展报告实现标准化，使特定企业的 ESG 数据可以不设限地提供给投资者，且数据具有可比性。就像已经用于财务信息的框架——国际财务报告准则一样，ESG 方面也需要有一个类似的报告框架。企业的披露义务和尽职调查在这方面起到了关键作用。

欧盟的《非财务报告指令》（*EU Non-Financial Reporting Directive*，2014/95/EU）要求大型公共利益实体披露其主要环境影响、社会影响和公司治理方面的重要信息。该指令覆盖了欧洲 6 000 多家企业。不同企业之间的信息缺乏可比性仍然是一个问题，因为各企业都在使用各自所选的指标报告它们认为重要的方面。

欧洲委员会设立的一个技术专家小组还审查了欧盟以前关于披露非财务信息的指令，以考虑是否可以添加准则，令企业报告与气候影响有关的详细信息。欧盟计划将2017年发布的TCFD[①]框架以及其他可能的新建议，与即将发布的报告指南相结合。从投资者的角度来看，欧盟可持续金融法律法规旨在提高报告的一致性，这有助于使各企业的可持续性具有可比性。

欧盟正在制定可持续投资分类

2018年夏天，欧盟委员会成立了可持续金融技术专家组（TEG），负责编写欧盟可持续金融立法提案的相关技术细节。该专家组公布了一项侧重于气候影响的分类系统提案。然而，在分类系统作为欧盟法律法规的一部分获得通过之前，技术细节方面还有进一步的工作需要完成。

可持续投资策略

评估可持续金融立法是否成功的两大标准

- 是否会在未来指导融资？
- 是否会对企业的运营产生影响？

确定走可持续发展路径尤其具有挑战性，这意味着我们要在工作中做出选择。可持续性不是非黑即白的。例如，同一家企业，它可以提供缓解气候变暖的解决方案，但同时也存在强制劳动力为它制造产品的情况。政治在决定绿色

[①] TCFD的建议由金融稳定委员会（FSB）制定。

第 10 章
通过可持续金融相关立法进行金融体系改革

投资方面也有很大影响，因为相关定义受欧盟设定的目标和承诺的指导，这些目标和承诺可能会发生变化，因此也会改变绿色企业的定义。此外，同一家企业可以同时产生积极影响和消极影响，可持续性评级似乎侧重于定义各种"绿色"活动，而非确定什么是绿色企业。

欧盟的标准化工作的另一侧重点是围绕快速发展的概念定义和工具更新展开的，这就是为什么在许多方面，目标设定的通常是最低要求的原因。这些标准将来也可能更新。例如，关于积极气候影响指数，这种投资的定义正在迅速演变。正在编写的一些定义与存在分化意见的工具有关。例如，低碳基准是欧盟聚焦的主要领域之一，但它们仍然存在着一些局限性（比如碳足迹无法全面描述所有气候风险等）。

SUSTAINABLE INVESTING
可持续洞察

尼科·费蒂斯（Nico Fettes） | CDP 欧洲产品开发资本市场主管，欧盟委员会可持续金融技术专家组前成员

绿色金融产品的供应商需要解释它们的产品与作为绿色经济活动共同标准的欧盟分类法有什么关系。能区分什么是绿色金融产品、什么不是绿色金融产品，这有助于促进可持续产品的市场增长。但与此同时，我也看到了一种风险，即这不会影响主流产品，只会给被贴上绿色标签的金融产品带来商机。

我希望从长远来看，委员会的倡议是成功的。也许这可以与食品市场相提并论，几年前欧盟在食品市场引入了有机食品的最低标准。虽然这个市场整体来看规模仍然很小，但它是增长最快的一个细分市场，现在甚至在折扣店的货架上也能看到一些有机产品。

支持可持续投资（如绿色投资和绿色债券）是一种不断演进的现象，并将带来有益的创新。例如，人们开始讨论是否应该通过最低要求将绿色投资产品的初期增长标准化，这种最低要求对于一些经营者来说可能已经足够，因此，在最差的情况下，该要求可能会阻碍未来标准的发展。

第11章
可持续发展趋势蕴含无限商机

机构投资者（如养老金企业）需要对投资回报长期负责。因此，我们在投资活动中强调，投资者需要对投资对象的未来有自己的看法，并评估投资对象将如何管理和适应未来的变化。政策的制定（如限制对环境和气候造成的负面影响）以及为可持续性挑战提供新的解决方案的技术发展（如使用可再生能源）推动了社会向前发展。一家企业面临的风险对其他企业来说可能意味着商机。

可持续发展趋势对企业的影响可能会逐渐成为现实：

- 当排放限价提高时，或者当外部性的定价改善时，长期变革的驱动因素可能会逐渐出现；
- 如果在全球范围内出现的复杂发展是由单一技术的突破或由自然灾害引发的，那么对于企业而言，这一发展也可能作为突然的冲击和变化而出现。

可持续发展趋势（如气候变化和淡水供应）的相关风险可能会同时影响特定区域的许多企业甚至许多行业，并且可能在供应链的某个环节出现。也就是说，间接影响可能非常广泛。例如，与尊重人权有关的风险更多的存在于特定企业之中，因此，可以通过在不同企业之间分散投资来管理，因为在一个广泛的投资组合中，不太可能所有企业都同时面临人权丑闻或类似事件。

与风险相对应地，可持续发展趋势中还蕴含了通过新产品、新服务和新的商业模式等方式来解决全球可持续性挑战的商机。

如何在气候风险中找到机遇

气候变化是人类社会未来将面临的一个主要风险，因此也是经济体系及其中的企业需要应对的一个主要风险。2018年，根据联合国政府间气候变化专门委员会（IPCC）的一份特别报告，与工业化前的水平相比，将全球平均温升控制在1.5摄氏度以内是限制负面影响的明智之举。在以前的报告中，风险被控制在2摄氏度以内。

要将全球变暖的趋势控制在风险范围内，人类社会需要做出重大改变。为了将全球平均温升控制在1.5摄氏度以内，2030年的二氧化碳排放量需要较2010年减少45%，到2050年应该达到净零排放[1]。这意味着，我们尤其要在能源生产、土地使用、基础设施（包括交通运输和建筑）以及工业生产系统方面进行极为快速的变革。如果全球变暖的情况超过了风险限额，不同地区的气候变化会以多种方式发生，这将对社会和企业的经营环境产生影响。

气候变化对投资的影响

2017年发布的《气候相关财务信息披露工作组建议报告》（*TCFD recommendations*）将投资时需要在气候方面考虑的事情分为三类：转型风险、物理

---

[1] 当一个组织的一年内所有温室气体（以二氧化碳当量衡量）排放量与温室气体清除量达到平衡时，就是温室气体净零排放。——编者注

第 11 章
可持续发展趋势蕴含无限商机

风险和机遇。转型风险是指向低碳社会转型时产生的风险，这些风险是由政治变革、更严格的法律法规、快速的技术发展和市场变化等因素引起的。例如，2021 年，欧盟排放交易体系发生了变化，分配给企业的免费配额比以前少了。尽管排放配额的起点水平较低，但价格呈上升趋势。提高对气候风险的认识不仅可以通过立法影响企业，如果消费者在消费决策中越来越多地考虑到对气候的影响，这也会对企业产生影响。

不断变化的气候也对具体的商业风险有直接影响。例如，物理风险可能与极端天气事件的增加或平均气温升高有关。

在减缓和适应气候变化方面，也存在着巨大的商业机会。这些机会主要涉及以下方面：可再生能源、新产品和服务（如针对气候变化影响的赔偿保险）、新市场准入机制（如与公共部门建立伙伴关系和引入绿色金融产品）、资源的有效利用（如节能建筑和更高效的交通运输方式），以及开发替代产品和解决方案以适应气候变化带来的后果（如改善基础设施）。在各种行业中均存在着与气候变化相关的风险和机遇。例如，这些风险与专注于经营化石燃料的企业在无碳未来中发挥的作用有关，因为减缓气候变化需要逐步减少化石燃料的使用。从投资者的角度来看，主要的考虑因素如下：实施能源系统变革的时间框架是什么？如果一些地下化石燃料储备失去价值，那么专注于石油和天然气开采的企业会发生什么？这些企业能否借助它们的能源专业知识和工程师摆脱未来对化石燃料的依赖？

SUSTAINABLE INVESTING
可持续洞察

沙恩·卓别林 | Swedbank Robur 可持续发展分析师
（Shane Chaplin）

　　几年前，一家石油企业的工作人员向我描述了他们面临的挑战：与传统上被认为风险相对较低的新油田投资相比，主流投资者认为投资可再生能源具有"价值破坏性"。造成这种想法的原因是碳定价缺乏确定性，他们也缺乏可再生能源投资方面的知识，且通常衡量绩效的时间周期较短。当然，情况已经发生了巨大变化：可再生能源企业的成功和太阳能相对于化石能源的成本优势已经显而易见，这类投资也不再被自动视为具有价值破坏性。在我看来，我们需要把更多的注意力放在长期战略上，而不是昨天奏效的战略、去年的碳排放量或季度报告周期。金融业需要结构性变革和新思维，这样我们才能最大限度地向致力于开发气候解决方案和能源转型的企业提供资金。

未来，极端天气事件和高温的影响预计会增加。不断变化的气候将对企业造成短期冲击，这可能会导致企业运营成本上升、事故风险增加等后果。例如，投资废水储存对于煤炭开采企业来说至关重要，只有这样才能有效应对较大的雨水量，从而减少发生事故的可能性。对于投资者来说，关键是要确定气候变化将如何影响企业在全球的运营，以及相关投资是否有助于企业管理好受气候变化实际影响的基础设施，以便为日益增长的风险做好准备。

生物经济提供了新的商机，但它的可持续性如何值得思考。可再生的木材和植物原料被用于替代化石燃料和材料。但即使是可再生原料的使用，有时也会存在相互冲突的观点，因为森林可以从大气中吸收碳，产生碳汇效应。生物质的使用减少了碳汇，至少在几十年内是这样。就1.5摄氏度目标而言，碳汇的显著减少是存在问题的，因为这样一来，剩余的碳预算就太小了。欧盟的《土地利用、土地利用变化和农林业战略条例》（*Land use, Land-use Change and Forestry Regulation*）要求，从2021年起，在监测特定国家的排放目标时，也要考虑到土地利用和森林变化情况。这项立法可能会限制以林业和种植产品为基础的生物经济的发展，因为在计算一个国家的总排放量时会考虑碳汇的变化。

生物燃料存在商机，但值得注意的是，它们对可持续发展的影响因原材料的来源而异。比如，热带雨林中的植被是否因此而被砍伐，其种植和使用的目的是否与粮食生产相冲突。对于可再生柴油的未来，它将受到汽车技术发展的影响：由于对空气质量存在负面影响，柴油车已经不像从前那样受欢迎了。世界上一些主要城市已经决定禁用老式柴油车，并计划在未来制定更严格的法规。此外，一些国家还制定了在未来几十年禁止销售内燃机新车的目标。

这些禁令的出台背景是颗粒物的过度排放，尤其是柴油车的排放，以及它们对健康的不利影响和化石燃料对气候的负面影响。此类禁令不仅会影响到汽车制造商，还会对可再生柴油制造商产生影响，因为相关的法律法规是基于汽车使用的技术，而非燃料生产中使用的原材料。许多汽车制造商也提出了未来重点发展电动汽车的计划。我们知道，电动汽车的生产有其自身的可持续性，如电池技术的使用和矿物的使用等。

未来的投资回报不仅会受到经营环境变化的影响，还会受到企业适应变化和为变化做准备的能力的影响。从投资者的角度来看，想清楚以下问题至关重要：

- 不同企业的计划投资对环境和社会的影响是什么？
- 企业使用的原材料和生产的产品对外界有什么影响？
- 法律法规的变化和消费者需求的发展对企业的未来可能有什么影响？
- 企业的适应能力如何？企业对经营环境的变化做出了怎样的准备？

食品行业的转型会影响到从事食品生产的企业。以动物为基础的农产品（特别是红肉和奶制品）的生产导致了森林被砍伐，也导致了畜牧业的温室气体排放。以植物为基础的蛋白质来源和新产品的开发也会撼动肉类企业未来的市场地位。与此同时，替代动物蛋白质的生产技术正在研发中，有了这种技术，人们无须再从动物那里获得身体所需的蛋白质。随着时间的推移，如果这些创新可以商业化，那么这种变化将会对该领域的企业产生影响。预测人们的消费习惯和生活方式的变化是评估新的食品生产方法会对财务产生怎样影响的关键。

出于这一原因，投资者必须明确：投资对象如何定位自己，以受益于粮食生产（特别是植物蛋白来源）变化带来的新机遇；哪些气候风险和负面影响关系到企业的运营；哪些潜在技术可能在未来产生长期的影响。

评估投资中的气候影响因素的 TCFD 框架和分析工具

气候变化被认为是影响金融市场稳定的主要风险之一。因此，由国际金融稳定委员会成立的 TCFD 在 2017 年提出了发布与融资相关的气候风险报告的建议。该工作组建议将气候变化的财务影响纳入金融企业及其他企业的年度报告。自 2020 年初以来，提供符合 TCFD 要求的合规报告已成为签署了《负责任投资原则》的机构投资者需要遵守的部分强制性要求。该要求涉及初始阶段的治理和战略。TCFD 的建议和准则也是欧盟可持续发展报告相关法律改革的基础。根据 TCFD 的准则，企业的董事会和管理团队应该对气候变化的商业影响负责。该准则还描述了如何应用不同的时间范围和全球变暖情景来审查气候变化的影响，以及如何将气候因素纳入风险评估。此外，TCFD 还列出了用于报告的单项指标。

如何应对影响投资回报的水风险

与水有关的投资风险正在增加，特别是在对淡水储备的需求越来越大时。商业运作和人类生活都依赖于水，农业和工业加工也都需要水。气候变化加速了水危机：一个地区可能由于暴雨而导致洪灾，另一个地区可能因为干旱而严重缺水。然而，将水从一个地方转移到另一个地方的成本非常高，因此这种设想也不现实。与商业活动相关的水风险不仅受到水资源供应的影响，还受到水质较差的影响和水污染防治法律法规的制约。

以下因素与日益增加的水风险息息相关：对水的争夺日益激烈，导致美国、南非、墨西哥和南亚的一些国家等主要经济区域过度使用地下水资源；来自农业和工业的排放物与药物残留结合在一起，降低了社会和商业运营的水质；许多国家对水储量的无效监测加剧了上述风险。在没有规则的情况下，企业可以在缺水的地区利用水来开展业务，这可能会引起与当地居民的冲突，甚至导致社会动荡和不稳定。就水的充足性而言，疏忽可能导致出现对企业产品的抵制情况，例如，企业在遭受干旱的地区生产水密集型产品，当消费者认为某家企业对当地社会有负面影响时，很容易发生抵制这些企业及其产品的情况。

SUSTAINABLE INVESTING
可持续洞察

欧蒂·赫莱纽斯（Outi Helenius） | 埃夫利银行可持续发展主管（投资资产约 130 亿欧元）

> 我们不知道加州还有多少地下水，尽管加州正遭受严重的水危机，但直到 2014 年才有法律对加州用水进行监管。这令我感到不可思议。美国有一半的蔬菜供给来自加州，那里的土地非常肥沃，尽管土壤需要持续灌溉，但这种做法也是值得的。

要评估影响投资回报的水风险，投资者应检查以下方面：企业对水的依赖程度（企业自身运营用水和价值链中其他环节的工艺用水以及排入自然水道的水）、企业可用水资源的充足性（在水敏感区域的运营），以及水风险管理（企业降低水风险的措施）。例如，一家在运营中一直依赖工艺用水的企业可能会突然面临在一年的某几个月中无法获得用水的情况。这意味着该企业必须作出应急预案，以确保水的可用性，或在一年中的某些时间停止这项工艺的生产。如果气候变化导致更长时间的干旱或供水的变化，这些挑战在未来可能会变得更加突出。

投资者可以从分析具有较高水风险的特定行业（见表 11-1）开始，也可以通过评估区域风险（可以使用世界资源研究所提供的 Aqueduct 工具）开始。关于水风险关键方面的特定企业信息分散在各种信息来源中。这使得收集数据和分析水风险变得十分费力，因为可能有必要分别检查每个投资对象的每个工厂及其水源是否充足。

2017 年，谷神星（Ceres）的一份报告将能源、食品和饮料生产列为水风险很高的行业。能源生产通常需要大量的水，比如水力发电以及在燃煤、燃气和核电厂的冷却中都离不开水。除了受到水资源减少的影响之外，发电厂还受到水温升高的影响，这意味着可用的天然水不一定能再次用作冷却水。

例如，将温暖的水排入自然水道会对鱼类产生影响，而且可能违反环境许可。食品和饮料制造商则会面临农业用水风险。据估计，大约 70% 的淡水被用于耕种、饲养家畜和加工原材料。然而，具体使用情况在国家和作物品种之间又存在很大差异。人口增长加剧了粮食生产中淡水储备的压力。

参与合作是降低水风险的一个重要途径

通过多样化来降低水风险可能很难，因为同一地区某一特定行业的所有企业都可能面临同样的风险。此外，一家企业的运营会影响依赖相同水源的其他企业。换句话说，如果一个投资对象的工厂污染了水，这也可能会增加使用同一水源的所有其他企业的成本。通过影响投资对象更好地管理水风险，投资者可以带来积极的变化，这种变化可能比单个企业采取措施产生更广泛的影响。

第 11 章 可持续发展趋势蕴含无限商机

表 11-1　特定行业的重大水风险

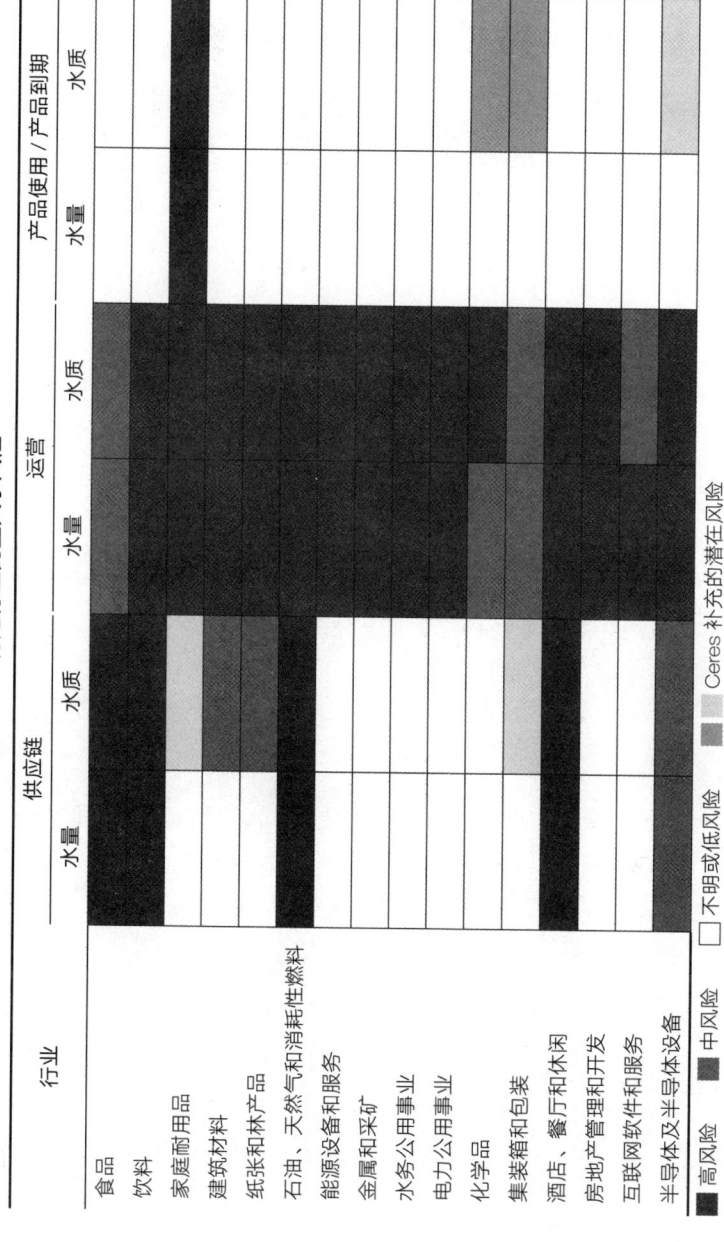

行业	供应链 水量	供应链 水质	运营 水量	运营 水质	产品使用/产品到期 水量	产品使用/产品到期 水质
食品	高风险	中风险	高风险	高风险		
饮料	高风险	高风险	高风险	高风险	高风险	高风险
家庭耐用品	中风险	中风险	高风险	高风险		
建筑材料			高风险	高风险		
纸张和林产品	高风险	高风险	高风险	高风险		
石油、天然气和消耗性燃料	高风险	高风险	高风险	高风险		
能源设备和服务			高风险	高风险		
金属和采矿	高风险	高风险	高风险	高风险		
水务公用事业			高风险	高风险		
电力公用事业			高风险	高风险		中风险
化学品			高风险	高风险		中风险
集装箱和包装			高风险	高风险		
酒店、餐厅和休闲			高风险	高风险		
房地产管理和开发			高风险	中风险		
互联网软件和服务			中风险	中风险		
半导体及半导体设备			高风险	高风险		

图例：■ 高风险　▨ 中风险　▨ Ceres 补充的潜在风险　□ 不明或低风险

注：表 11-1 按行业（仅列出了中高风险行业）说明了水的重要性、水对价值链不同部分的影响。Ceres 的分类基于的是可持续发展会计准则委员会的重要性地图，同时结合了 Ceres 的投资者水枢纽分析和风险评级。

资料来源：Ceres 和可持续发展会计准则委员会，版权归 Ceres 和可持续发展会计准则委员会基金会所有，经其许可再版。

|北欧可持续投资实战案例|
挪威政府挪威养老基金评估气候变化对商业的未来影响

背景信息

挪威政府挪威养老基金（Folketrygdfondet，FTF）由挪威财政部设立，负责管理挪威政府养老基金在北欧市场上的投资。FTF管理的资产约为240亿欧元，其中，约85%的资产投资于国内，其余部分则分散投资在芬兰、丹麦和瑞典等几个北欧市场。FTF是奥斯陆证券交易所47家上市公司的大股东之一。它投资股票和债券。该案例描述基于对FTF公司可持续投资组合经理安妮·伯萨格尔（Annie Bersagel）的采访。

FTF在提供资产管理服务时，它的重点关注之一是了解投资对象的气候风险。FTF利用TCFD气候报告框架拓宽了了解气候风险的视角：TCFD将讨论从投资组合中的企业如何影响气候变化转移到气候变化如何影响企业上来。

伯萨格尔说："对于负责任投资，我们有一个财务方法，即从长期价值创造的角度看待可持续性问题，TCFD框架与我们的方法一致。我们还发现，这会引导我们与各企业就短期、中期和长期商业模式相关的风险进行更有意义的对话，而不是为了最大限度地降低对气候的影响，讨论它们'应该做些什么'。"

FTF 首先根据 TCFD 的要求更新了负责任投资的管理文件。例如，在它现在的负责任投资原则和所有权政策中这样规定，识别和解决与可持续性相关的风险是最高管理层的责任。换句话说，FTF 不仅将管理责任局限于特定的气候风险，还包括可持续性的更多方面。

与各企业合作，加深彼此对气候风险的理解

"我们研究了定量情景分析框架，很快我们就意识到，现有工具不够成熟，因为我们没有发现任何对我们的投资决策有用的东西。高度的不确定性使情景分析变得非常复杂，而这种分析还需要大量的资源，"伯萨格尔解释道，"因此，我们意识到，我们需要先从审视我们受气候风险影响最大的行业中的企业的所有权开始。"

FTF 使用了 TCFD 补充指导意见中提供的面临气候风险的行业清单。这些行业包括能源、运输、材料、消费品和金融。FTF 最初没有将金融纳入其审视范围，因为气候风险对银行业的影响过于间接，金融行业主要通过其他行业面临气候风险。

在气候风险敞口最高的行业中，FTF 确定了它在挪威持有的最大股份，并决定与挪威其他 3 家投资者（KLP、DNB 资产管理公司、Storebrand 资产管理公司）合作。在股份构成中，15 家企业占了 FTF 股权投资组合的 45%，约占总资产的 30%。在 FTF 看来，这些企业承担了它们投资组合中最高的气候风险——这也是 FTF 可以发挥最大影响力的地方。在相关会议上，投资者会提一些问题，如企业如何应对与气候变化相关的转型风险。

事实证明，这些会议是有价值的。领先的企业在情景分析和物理风险评估方面做了大量工作，它们在顾问的帮助下，通过制定计划来管理全球业务的相关风险，例如确保它们的工厂能够抵御大规模降雨。

谈到同企业对话和 FTF 投资策略的关系，伯萨格尔说："根据我们的投资策略，我们正在寻找管理良好、能够适应经营环境变化的优质企业。由于我们的投资组合经理也参加了这些会议，我们注意到，获得的新信息加深了他们对不同企业的看法。"

这些会议还促进了学习，让人们认识到了以前没有认识到的风险。例如，一家地震勘探企业解释说，由于海水已经变暖，电缆正在被海洋生物覆盖。也就是说，这些企业现在需要更频繁地停工来清洁电缆，这既昂贵又耗时。

投资者注意到，一些企业认为它们的短期风险敞口很低，且没有必要报告这一情况。对此，伯萨格尔说："我们的反应是，要让这些企业理解为什么它们在短期内没有意识到气候变化可能带来的风险。这种短期影响对投资者来说可能并不明显，例如，由于供应短缺，2018 年对石油市场的乐观预期超过了气候变化对财务的预期影响。"

向企业提出一系列建议，并调整投资风险评估

基于 TCFD 初始会议的部分反馈，FTF 更新了它在气候方面对投资对象的期望，并将其纳入 TCFD 建议。目标是为企业评估气候风险和向投资者提供反馈。企业通常对投资者想要什么类型的信息以及他们将如何使用这些信息感兴趣，尤其是当它们经常从不同的方面收到多种报告需求时。

伯萨格尔强调了以下几点：

> 对我们来说，其中很重要的一点是，确保企业在进行情景分析时使用的假设非常透明。在未来几十年不断变化的建模中，仍然存在着大量的不确定性，我们需要知道潜在的假设是什么。

第 11 章
可持续发展趋势蕴含无限商机

从 2019 年开始，FTF 利用在与企业开展的会议中获得的见解，为其投资委员会提供了投资组合中基于行业气候风险的定性情景分析。这项工作需要 FTF 内部风险团队的参与。

两年后的进展回顾以及向新领域的拓展

2019—2020 年，FTF 与合作的 3 家挪威投资者将 TCFD 会议拓展至房地产和建筑业，以及银行和保险业。此外，投资者还与他们在 2018 年 TCFD 会议上接触的企业进行了后续会议，就能源和石油服务行业的发展展开讨论。伯萨格尔指出，一些企业在应对气候风险的方法上有了重大突破。

> 虽然对于一些企业来说，之后的情况并没有发生明显的变化，但其他企业会将与低碳经济相关的机会作为其战略的一个重要支柱。这对于最初仅根据自身排放量（无论重要与否）报告气候风险的企业来说是一个重大转变。

这在石油服务行业的子行业中表现得尤为明显。在这些子行业中，与海上风力装置及碳捕获和储存相关的机会变得越来越有吸引力。

FTF 继续在内部寻找一种有意义的情景分析形式，并将其纳入公共所有权报告："我们在现有框架中看到的最大弱点有两个：首先，人们预计我们会在 2050 年倒闭，而我们知道我们的基准构成。因此，我们的投资组合可能会在未来 30 年发生巨大变化。其次，人们会忽略气候风险是否会以及在多大程度上被计入证券价格的问题。"

伯萨格尔认为，作为一名积极的管理者，FTF 与企业的对话仍将是理解和管理气候风险最有用的工具。

对这些企业来说，TCFD 会议提供了一个机会，让它们可以向最大股东询问它们对气候变化和报告的期望。这些企业很欣赏我们提供的针对特定企业和行业的专业知识，鉴于企业的风险状况，它们也想知道该如何创造长期价值。

然而，伯萨格尔指出，也许有一天，通过单独接触进而展开对话的这种方式将使参加 TCFD 会议不再有意义。

我们已经注意到，就能源行业而言，气候在我们与管理层的定期对话中占据了如此重要的地位，以至于在某些时候，参加 TCFD 会议可能已成为多余。

SUSTAINABLE INVESTING
作者解读

TCFD 是分析气候风险的一个相对较新的工具，预计在不久的将来，使用它的人们将会逐渐增加。在各企业的可持续发展报告中，它们通常会集中分析自己对环境（气候）的影响，而 TCFD 侧重的则是考察气候变化对企业的影响。TCFD 为管理层和投资者更全面地描述了气候风险对企业的影响。当一家企业发布了基于 TCFD 建议的气候影响报告时，投资者知道该企业至少分析了气候风险，其管理层也意识到了这一点。然而，仅有报告是不够的，投资者评估计算中使用的假设也很重要。此外，与管理层的讨论为更深入的分析提供了良好的机会。

第 11 章
可持续发展趋势蕴含无限商机

|北欧可持续投资实战案例|
荷兰养老基金对水风险的分析及应对

背景信息

荷兰养老基金（PGGM）管理着约 2 460 亿欧元的资产。该案例的描述基于对 PGGM 负责任投资高级顾问皮特·克洛普的采访。

如果你的投资周期足够长，那么由污染和不断增长的需求等原因导致的水资源短缺问题将会影响到投资的财务状况。克洛普说："我们将水作为一个风险因素进行评估，但我们也通过投资与水资源短缺有关的解决方案这一举措来观察其积极影响。"

PGGM 决定密切关注风险最大的行业、地区和国家。PGGM 使用各种数据来源来评估投资对象对水资源的依赖性和水安全状况，包括特定企业的用水数据，以及各行业和各地区水风险的一般数据。例如，PGGM 通过使用标准普尔 Trucost 水风险成本计算器，使用影子水价来估算选定企业的水价值风险。这种建模工作不仅考虑了企业目前的实际水价，还考虑了企业所在的特定运营环境中的水资源短缺情况。

计算出的息税前利润百分比反映了竞争的程度以及监管的力度，对于高度依赖水资源的企业来说，息税前利润可能高达 10%。克洛普说："这是对水风险的一个非常粗略的估计，但却是参与合作的一个良好开端。我们询问了各企业对具体数字的看法，也询问了它们为减少对水的依赖和提高水安全所采取的措施。例如，一家位于高度缺水地区（如美国亚利桑那州）的企业可能已经建立了一个闭环系统，并有效地将它的冷却水提取量降至为零。投资者需要这些更具体的信息来更好地了解一家企业真正面临的水风险。"

克洛普对该分析的背景内容解释如下：

> 我们依靠世界资源研究所的渡槽数据库来了解特定地区的供水安全性。这使我们能将企业用水数据与地域水安全数据结合起来。其中一些甚至可能是不需要企业报告的数据。比如，在一项对印度公用事业的比较分析中，我们结合了大数据和卫星图像，以衡量其面临的水风险。你可以从站在太空的视角观察它们的设施，看看它们配备了什么类型的冷却技术，位置在哪里——可能在水资源紧张地区的河流附近，也有可能在使用海水冷却的海岸上。
>
> 你可以很容易地对比这类数据，而且不会失真，这样就可以实现粗略的同类对比。随着时间的推移，卫星图像变得越来越完善，这种类型的信息未来将成为可持续性分析中企业披露信息之外的重要补充。

PGGM 努力了解与投资有关的水风险，这样做更多是为了提高人们的认识。克洛普总结道：

> 由于数据仍然较少，水风险尚未对我们的投资决策产生重大影响。我们投资的绝大部分股票都是被动投资，目前想要根据对水风险的计算而得出的倾向指数进行主动投资可能为时过早。与此同时，我们正在努力与各种数据机构合作，完善数据库，并与我们的投资组合中存在较高水风险的企业合作，如印度的公用事业企业，或其供应链中的企业，如美国的肉类生产商。

第 11 章
可持续发展趋势蕴含无限商机

投资者应该为应对水风险做好准备，特别是在长期投资中，因为预计未来淡水供应将成为一个问题，尤其是在人口快速增长的地区。从其他地区向这些地区输送淡水在生态上是不可持续的，在经济上也是不明智的。负责任的投资者会评估其投资对水资源使用的依赖性，并试图将投资对象对（未来）淡水资源供应的负面影响降至最低。

SUSTAINABLE INVESTING
作者解读

我们从 PGGM 的案例中了解到，投资者需要从非常渠道寻求与水有关的数据，因为此类数据的数量仍然不足，可用性也很差。

尊重人权是可持续发展的重要组成部分

人权是由国际法规定的，每个国家都需要通过自己的法律法规落实人权，并在其管辖范围内确保人权。长期以来，在超出当地法律最低要求的国际业务中确保尊重人权，靠的往往是自愿原则和所谓的"软法律"，如自愿遵守经合组织的《跨国公司行为准则》(OECD Guidelines)等国际规范。近年来，由于国际人权原则和当地法律法规的发展，跨国公司对负面人权影响的责任逐渐变大，并且更加明确。

《联合国工商企业与人权指导原则》(The UN Guiding Principles on Business and Human Rights)于2011年获得批准，相关报告框架于2015年发布。该原则明确了企业尊重人权、防止在价值链中侵犯人权（开展人权尽职调查）和纠正严重负面人权影响的责任。

近年来，国际上还制定了许多具有约束力的国家法律法规，要求大企业报告它们为防止负面人权影响和确保尊重人权而采取的措施。2010年，美国加州通过了《供应链透明度法案》(Transparency in Supply Chains Act)，要求大企业披露其在供应链中消除现代奴隶制和人口贩运方面所做的工作。在此之后，英国于2015年、澳大利亚于2018年分别通过了类似的现代奴隶制法案，强制性的人权报告随之大量出现。

一些当前和即将出台的人权立法要求企业积极主动地解决人权问题，而不仅仅限于报告的要求。法国在2017年颁布了一项法律，要求大企业制定行动计划，以避免造成负面的人权和环境影响。荷兰通过了一项法律，要求在该国销售产品的企业应采取适当措施，确保产品制造过程中不雇用童工。此外，2021年生效的一项法律规定，在欧盟运营的大企业有义务监督冲突地区的矿产采购。这些"冲突矿产"包括锡、钽、钨和金。2020年，欧盟还开始制定新的法律法规，为企业设定全面的要求，以确保尊重人权，内容包括造成负面人权影响的企业要承担的法律后果。

虽然关于国际商业活动的人权法律是国家级的，但其影响仍极为广泛：例如在英国，根据与现代奴隶制相关的法律法规，所有在英国经营且超过一定年净销售额的企业都需要承担确保人权的义务。当企业将审查合规情况及在供应链中尊重人权作为履行其义务的一部分时，影响范围也会扩大。然而，迄今为止，还没有对不遵守法定报告要求的行为实施过重大处罚。

换句话说，目前关于人权法的影响更多地来自声誉风险。与人权相关的声誉风险随着透明度的增加而增加，因为立法者和利益相关者都将期望集中在尊重人权上。新冠疫情突显了绿色和公正回归的必要性，社会需要加快立法的步伐以促使企业尊重人权，并使投资者更加关注这一主题。人们期待企业和投资者提高认识，而仅靠在问题曝光后解决问题是不够的。

SUSTAINABLE INVESTING
可持续洞察

乔纳斯·克伦（Jonas Kron） | Trillium 首席倡导官（投资资产约为 20 亿欧元）

近年来，随着人权的重要性逐渐凸显，人权已成为可持续发展议程的一个重点。这种关切不仅涉及财务风险，还涉及与负面人权影响相关的内在问题。越来越多的人一致认为，企业应对其利益相关者负责，这一责任也包括人权。作为一家立足于美国市场的投资者，我们从两个维度看待人权：全球供应链中正在发生的事情，以及美国本地正在发生的事情。因此，我们将与企业就某零售商的亚洲供应链中的强迫劳动、某科技企业的用户隐私以及所有企业的员工多样性和包容性等主题展开合作。此外，我们在 Alphabet（谷歌的母公司）股东提案中明确的一项重点内容是在人权问题上保护举报人。

我们的目标是将加强举报作为保护人权的有效工具。

对人权进行更深入的评估并不容易，但我们每天都在更多地了解如何衡量与人权有关的重大影响。这在消费品公司中尤其重要，因为声誉风险也可能带来财务成本。

投资者可能会因为企业造成的负面影响而受到批评

企业的所有者也可能因为业务运营的负面影响而受到指责。根据《联合国工商企业与人权指导原则》，投资者还应意识到投资对象的潜在负面人权影响。就声誉管理而言，仅在问题公开后才解决问题显然不是最佳选择。相反，投资者应积极主动地评估和管理风险。

如果企业发生了违反国际标准，特别是违反了经合组织《跨国公司行为准则》的行为，相关人员可以向经合组织的国家联络点（NCP）报告。一个新的趋势是，自2015年以来，报告涉及最多的是财务领域相关问题（2017年该问题占25%），以及有争议项目的贷款和所有者责任。

2013年，非政府组织就韩国大型钢铁企业浦项制铁公司（POSCO）及其少数股东的不当行为提交了一份报告，这一案件被视为少数股东侵犯人权的一个先例。报告中提及的少数股东包括管理政府（全球）养老基金的挪威央行投资管理公司和荷兰ABP养老基金及其资产管理公司APG。浦项制铁公司计划在印度建厂，据提交报告的非政府组织称，该项目将导致2万名当地居民被迫流离失所。

国家联络点就此案发表了最后声明。挪威央行投资管理公司违反了经合组织的《跨国公司行为准则》，主要原因有两点：一是拒绝以任何方式合作，二是"除了违反童工规定之外，在意识到挪威央行投资管理公司投资的公司存在人权风险时，没有采取任何应对策略"。国家联络点还就（根据尽职调查程序

第 11 章
可持续发展趋势蕴含无限商机

所做的）对话、透明度和人权风险识别等方面向挪威央行投资管理公司提出了若干建议。

浦项制铁公司案例的意味深长之处在于，荷兰国家联络点认为 APG 符合经合组织的指导方针。由于报告的问题，APG（同时也代表其客户 ABP）同意继续与浦项制铁公司合作。令人惊讶的是，韩国国家联络点表示，没有必要对浦项制铁公司的指控进行进一步调查，因为这些指控与印度政府的行为有关，与浦项制铁公司无直接的关联。因此，其合法性不应由经合组织的国家联络点评估，而应由印度法院评估。据媒体报道，浦项制铁公司于 2017 年退出了该项目。

报告中的空白影响了对人权风险的评估

在人权方面，投资者可以使用的针对具体企业的可持续性分析工具往往会聚焦于媒体报道的案例及其评估，以及公共原则和流程的比较。然而，在可持续性分析中描述的信息通常并不能涵盖一切：例如，企业报告的审查通常特别关注一级供应商。另外，审查在质量和覆盖面上也各不相同，且不提供关于所有人权影响的信息。[①] 全面评估人权风险的严重性和预防负面影响的工作有些困难，因为它们还要将数据来源扩展到企业报告、与管理层的会议以及其他任何补充数据以进行充分的分析。

为了积极主动地应对人权风险的影响，投资者可以针对行业和业务所在国进行筛选，与更容易遭受人权风险的投资对象接触。例如，联合国环境规划署的金融企业影响分析工具提供了关于人权风险及其在各个行业的重要性的见解。结合与人权风险相关的指数信息（如来自英国风险咨询公司 Verisk Maplecroft 的信息），该工具帮助投资者将精力集中在未来更有可能面临人权风险的企业上。

---

① 企业的影响在工厂之外也很明显，如果提前宣布审查，就无法全面了解工厂的情况。例如，工厂雇用的童工可能在审查当天待在家里。

信息安全是投资者评估企业可持续性的重要视角

至少可以从两个角度将信息安全视为可持续投资的一部分。首先，投资者可以评估影响企业核心业务连续性的信息安全问题对企业有着怎样的影响。例如，如果船只的控制系统被破坏，交付是否会延迟，或者船只的系统是否会完全关闭？启动备用系统需要多长时间？为了保证核心业务的连续性，该企业有哪些替代方法？信息安全攻击会造成什么类型的业务损失？其次，投资者可以从企业对客户数据隐私的负责程度来看待企业的商业模式。

数据保护和信息安全方面的故障可能会导致财务损失与赔偿，并影响股票业绩。例如，与Facebook和剑桥分析公司相关的数据隐私丑闻给这些企业带来了财务和声誉上的损失。此外，2018年生效的欧盟《通用数据保护条例》也在促使企业进一步完善自己的做法。违反《通用数据保护条例》可能会受到制裁，罚款最高可达企业净销售额的4%或不超过2 000万欧元。

随着互联设备的增加，信息安全风险也越来越多地传导到传统行业。在这些行业中，信息安全专业知识通常不是业务运营的核心。

可持续洞察 SUSTAINABLE INVESTING

米科·海博宁（Mikko Hyppönen） | 世界知名的计算机及网络安全提供商芬安全（F-Secure）首席研究官

信息安全将对每一个组织产生影响。所有设备都在逐渐变成计算机，也就是说，所有企业的运营都与数字化相关。每家企业都在成为软件公司。信息安全危机造成的损失可能是巨大的，通常高达约3亿欧元。管理层可能会被更换，但企业通常不会因为信息安全问题而破产。

例如，工业自动化系统在历史上根本没有受到保护。虽然

第 11 章
可持续发展趋势蕴含无限商机

工厂和电厂都是由计算机控制的系统,但它们一直处于断开状态,认为这样就没有人可以访问它们。然而如今,让设备与公共互联网断开连接是极为困难的。例如,在进行网络配置时,或者当员工开始在家使用远程连接时,系统突然在公共互联网上出现并出人意料地打开了。由于这些风险的存在,相关企业已经在工业自动化方面进行了大量投资,以将产品安全系统带入 21 世纪。一些工业服务企业也认为这是一个商机,于是开始为它们的客户提供更好的信息安全和自动化服务等。

信息安全攻击有许多类型和级别。它们可以根据底层操作符进行分类。比如,政府实体之间会进行信息安全攻击。即使企业没有直接受到政府的网络攻击,但如果它们使用的软件与受到攻击的政府相同,它们也可能成为二次受害者。政府实体正在寻找尚不为其他任何人所知的漏洞,这样它们就能够实施难以防范的复杂攻击。

资金充足的犯罪组织也能够寻找到漏洞并实施信息安全攻击。例如,它们可以将获取的信息用于犯罪目的,或者对企业信息进行加密,并要求对破解加密进行补偿。

工业间谍也会试图闯入竞争对手的信息系统,获取商业机密,并将其用于自己的业务运营。

除此之外,脚本小子[①]也从互联网上下载恶意软件,试图获取机密。不过,这种攻击相对容易防范。这些攻击通常是针对公开的已知漏洞,这些漏洞可能已经有了安全更新。未能及时安装更新会增加遭受此类攻击的风险。

---

① 脚本小子指以"黑客"自居并为此沾沾自喜的初学者。——编者注

信息安全和数据保护相关风险评估

在向投资者提供的可持续性分析中，有关信息安全和数据保护的风险通常是在相对一般的水平上评估的。此类评估侧重于企业披露的原则和信息，例如向员工提供的培训，以及任何以前的信息安全漏洞。企业也可能对披露有关其信息安全和数据保护过程的详细信息持谨慎态度，因为披露规则要求企业向所有人报告相同的信息，而企业不太可能愿意披露信息安全方面的任何关键信息。

信息安全和数据保护风险发生的可能性及其潜在后果受到实际措施的影响，例如，企业是否有文件备份，软件是否在可以更新时及时更新。此外，检测信息安全漏洞的准备程度因企业而异。并不是所有的企业都关心自己的信息安全漏洞，有些企业可能认为什么都不会发生。企业文化在这方面至关重要，但从外部对其进行评估却颇具挑战性。

可持续投资策略

企业信息安全风险的评估标准

- 企业是否设有首席信息安全官？他们在组织中的职位是什么？也就是说，他们向谁报告？任命负责人表明企业重视信息安全，并已分配资源。大多数企业不会在预算中列出它们在信息安全方面的投资。因此，为了评估一家企业在信息安全方面的投资水平，投资者可以了解首席信息安全官有多少名下属，以及IT部门的信息安全职能所占的比例是多少（也可以将有关员工人数的信息与同一行业的其他企业进行比较）。

- 企业是否在官网上报告了信息安全的实施情况？例如如何处理客户数据，以及它们有什么样的信息安全系统。关于数据安全的报告表明，该主题已被确定为一种风险，企业应当采取措施来确保和改善信息安全。

- 企业是否进行信息安全审核？由可靠机构（如大型咨询公司）进行审核，表明该企业正在投资信息安全。审核结果报告也将提供有趣的信息。然而，从企业的角度来看，这会涉及一些问题，因为有关任何信息安全漏洞的报告都可能是有害的。

- 企业是否为其运营的信息安全风险进行了投保？如果某些技术问题没有得到解决，保险公司不会为安全威胁提供保险。换句话说，投保行为表明企业已经达到信息安全的基本水平。此外，网络保险涵盖企业因任何信息安全漏洞而必须向客户支付的任何赔偿。

- 企业是否有漏洞悬赏计划？换言之，如果有人向该企业报告他们在系统中发现的问题，该企业是否会给予奖励？独立专家在企业的信息系统中寻找此类漏洞，通常会给企业 90 天的时间做出回应，然后公布他们发现的漏洞信息。为检测信息安全问题提供奖励的计划，鼓励着越来越多善意的独立专家寻找此类漏洞。许多大企业（如 Facebook 和谷歌）都在使用漏洞悬赏计划。

- 企业的高级管理层或董事会在会议上讨论信息安全的频率如何？即使讨论信息安全问题还不是很常见，但关于该主题的问题也可以促使企业思考是否应该更频繁地讨论信息安全问题。

未来几年将对投资对象产生重大影响的其他可持续发展主题

除了上述可持续发展主题外，其他可持续发展主题也可能会在未来几年对投资对象产生重大影响。其中一些主题涉及相当多的不确定性，对特定企业的影响甚至比前面描述的主题更大。目前，还没有分析这些主题对特定企业影响的实用工具，至少这些工具还没有广泛适用。

社会和商业运作依赖于生态系统服务，如生物多样性的功能。生态系统的破坏，如传粉昆虫的大规模灭绝，将对农业产生相当大的影响，人们可能需要通过人工授粉方式对植物逐个授粉。害虫的增加会导致树木被破坏，从而影响木材原料的供应和价格。为了评估特定企业的风险，投资者可以考查企业在高风险领域的运营情况。然而，高风险领域的定义可能会改变。企业的业绩可能取决于生态系统服务的免费可用性。此类服务未必会被发现，更不用说向投资者报告了。

人们对自然资源的过度使用侵蚀了生态系统，并给经济发展方式的转型带来了一定压力。为了扭转人们对金属和能源需求的不断增长趋势，我们应将经济增长和自然资源消费与可感知的福祉分开。

循环经济，即更有效地使用材料，已被视为应对可持续发展挑战的重要解决方案。这意味着人们可以使用、维修和回收现代化材料。然而，是否发展循环经济，这在很大程度上仍然是自愿性的，但欧盟已经起草了一份循环经济行动计划，强调可再生资源和材料的再回收和再利用。塑料在自然环境中积聚的问题也开始得到解决。例如，欧盟正计划立法禁止某些一次性塑料的使用。塑料的使用是一个问题，特别是当它不被回收或者被用于不需要使用它的产品，而仅仅是因为它的成本低廉时。由于塑料减少了食物腐败并延长了产品的保质期，它仍然是食品生产中的廉价材料，而且在许多方面也正被广泛使用。解决这一问题，应通过立法的方式间接加速可再生材料的开发。

为了评估某家企业的准备情况，投资者可以询问企业在产品设计中是如何考虑回收利用的，以及它们正在采取什么措施来确保产品中的材料在未来不会成为废弃物。这种前瞻性视角被称为产品生命周期思维，通常需要各方的合作。为了评估塑料禁令的未来影响，投资者也可以检查各企业对塑料原材料的依赖程度。如果塑料的受欢迎程度下降，这也将对能源企业产生影响，因为这些企业提供的石油产品也会被当作化学工业的原材料用于制造塑料。与此同时，这也为替代性原材料（如基于可再生资源的生物塑料）的开发提供了商机。

另外，由于全球人口过剩，大片地区变得不再适合居住，这时，难民潮可能会出现。沿海地区以及赤道地区特别容易受到气候变化风险的影响。气候变化和自然灾害可能恶化事态发展，使大片地区不适合居住，甚至还可能导致冲突升级。气候变化的恶劣影响已经有目共睹。例如，地中海东南部的干旱导致收成不佳，人们不得不前往生活条件恶劣的其他城市，这加剧了社会动荡。

以合理的价格满足不断增长的人口的基本需求是一项挑战。这些基本需求包括医疗保健、水和能源等。随着人口增长和收入水平的提高，如何满足这些不断增长的需求，这对有限的自然资源而言是一项巨大的压力。

地缘政治权力关系正在发生变化，与此同时，对自然资源的争夺也日趋激烈。这种激烈的争夺主要集中在亚洲，与城市化和其他人口变化密切相关。西方经济体的人口呈老龄化发展态势，而东南亚和非洲的人口增长尤其迅速。社会中的广泛变化会对企业的运营环境产生惊人的影响，而这些影响是很难评估和预测的。2017年，芬兰养老金公司Keva通过一项全球调查研究了与投资活动相关的风险和机遇。在全球范围内，发达市场和新兴市场中约70位股票和固定收益投资组合经理做出了回应。这项研究认为，与股票和固定收益投资相关的全球重大风险包括日渐严峻的两极分化以及收入和财富差距日益扩大。这可以被视为一种投资风险，因为更平均的收入分配会将现金转向消费，为企业创造现金流，而资产向富人集聚则更有可能使资产从消费转向投资。企业可以通过关注员工关系和就业条件以及管理层薪酬和税收政策，对社会收入分配产生影响。

SUSTAINABLE INVESTING
可持续洞察

安德鲁·霍华德 | 施罗德集团可持续研究主管

英国脱欧和美国前总统特朗普的当选似乎是社会对10年前甚至更久以前所产生问题的明确反应。对全球化的抵制，以及因不平等和消费能力再分配而加剧的民族主义，正在影响着经济和企业的发展，但金融和投资界基本上忽略了这一巨大的社会变革。社会正在考虑逆转全球化趋势，这使政治处于不稳定的环境之中，执政党出现了更加频繁的更替。

在我看来，金融和可持续发展研究似乎过于关注我们认为人们应该担心的问题，而不是人们实际担心的问题。我们需要了解驱动人们行为方式的社会趋势是什么。这就是为什么施罗德集团开始关注社会最关心的问题，并通过分析经济对全球贸易流动的依赖程度来了解这些问题的结果及其对投资的影响等。

对可持续发展趋势的预测是能否收获回报的关键

企业对可持续发展趋势的影响是复杂的，同一家企业可以同时产生积极影响和消极影响，所以投资者需要考虑净效应。例如，社会试图减少塑料的消费。但与此同时，塑料包装可以延长食品的保质期，这意味着食品的浪费情况得到了优化。

并非所有的可持续发展趋势都会在各个行业和各个区域同时出现。可持续发展趋势也会随着时间发生变化。长期投资者不仅要考虑可持续发展趋势，还要考虑它们对企业经营环境、未来竞争力和盈利能力的影响。

第 11 章
可持续发展趋势蕴含无限商机

可持续投资者在做出投资决策时会考虑可持续性因素,并评估其对风险和回报的影响。目前,市场上可能存在一些可持续性风险过大的企业,这些企业不值得长期投资。可持续投资者已经开始回避这类投资对象。评估风险之余,可持续性分析还可能会揭示投资对象拥有的尚未被发现和定价的巨大潜力(积极风险)。这就给增值留下了更大的空间。当估值是基于未来现金流时,投资者的预测是识别未来赢家的关键。更好的可持续性分析技能有助于投资者评估和预测可持续性的财务影响:风险、机会和回报潜力。可持续性因素通常会延迟影响回报,这意味着预测这些因素至关重要。

一些为可持续性挑战提供解决方案的企业仍然很小,投资这类企业可能还不够现实,或者不太可能在它们身上投入大量资金。许多大企业都拥有独立的子公司,这些子公司会利用其背后的大企业提供的资金来开发应对可持续性挑战的解决方案。投资者面临的挑战是通过分析确定未来的赢家,这不仅需要了解可持续性,还需要了解投资分析。

可持续投资者最终会考察可持续性因素对投资对象生存机会的影响。这些因素会限制商业机会还是会提供创造竞争优势的新机会?企业身处于全球可持续性挑战旋涡之中还是在为这一挑战提供解决方案?可持续性分析能够帮助投资者选择可持续的投资对象,这些投资对象能够产生与所承担的风险相关的良好回报。

SUSTAINABLE INVESTING
可持续洞察

乔治·塞拉芬 | 哈佛商学院教授

大多数可持续发展实践都与组织效率相关。这很重要,但不应止步于此。与战略的联系使你能够在新的业务环境中胜出。在这种环境中,可持续性要素的考量在财务上变得越来越重要。我们没有魔法,但可以学习一些原则。首先,考虑到你所在的行业、你所在的企业的业务模式和竞争地位,你必须了解哪些可持续性要素会对企业的财务状况产生重要的影响。你不应该只关注当前已经看到的可持续发展问题,还应该运用前瞻性视角。它们将如何影响你的供应链,改变客户期望或员工要求?这就引入了一个动态的视角,当如此多的行业被颠覆时,这是非常重要的。特斯拉、Oatly和Beyond Meat都是这一波创新的例子。识别这些获胜企业的一个方法是,检查它们是否设定了清晰、透明、进取的目标,以及从董事会开始,在实现这些目标时采取了哪些切实的行动。

第12章
可持续投资正在产生更高的回报

近年来，被动（指数）投资和基于量化标准的要素投资变得越来越普遍。在执行这些投资策略时，投资者也可以考虑一下可持续性评级和相关数据。然而，与企业的市值不同，可持续性评级和单独数据既不客观，也不具有可比性。相反，它们在很大程度上反映了提供者的权重和观点。此外，投资者需要能够识别重要的跨行业单独指标，这使得选择单独要素变得更加具有挑战性。当可持续性分析直接基于单独数据和指标时，可能会忽略一些重要的东西。

对可持续性要素进行综合分析是费时费力的，且包含定性评估，这与不断增加的成本压力相冲突。在低成本的被动投资较为流行的当下，即便是主动型基金也面临着降低管理费的压力。在要素基金中，所有权通常是高度多元化的，企业层面的分析不是落实投资策略时必须要考虑的一部分。

尽管有其局限性，但可持续性的投资产品在被动投资中还是变得越来越普遍。尽管可持续性评级和单个指标并不全面，但它们仍然具有指示性且相当有效，它们将可持续投资引到未曾考虑过可持续性因素的传统投资市场领域。

与此同时，投资者对可持续性分析的兴趣日益增加，可持续投资是一个可以用来证明较高成本有其合理性的论据。关于这一点，似乎有两个发展方向：其一，被动投资变得更加普遍；其二，寻求积极影响的投资，特别是与可持续发展目标有关的投资，增长也相对较快。

通过更全面的分析识别可持续投资机会

可持续性分析中使用的数据来源和工具已变得更加多样化。当投资者对投资对象不太熟悉时，传统的可持续性评级和分析是最有用的。他们采用标准化的方法，尽管这一方法正在进一步发展中，但这些分析年复一年保持一致。

除传统的可持续性分析数据来源之外，创造力和创新可以帮助投资者识别其他数据来源，包括卫星图像和社交媒体讨论（如 Glassdoor[①] 提供的关于亚马逊和其他网上店铺的雇主评价或产品评价的信息）等。

补充性数据来源可能会提供一些企业的可持续发展信息，而这些信息不一定会在可持续发展报告和相关分析中披露。当然，社交媒体也可能提供扭曲的信息，并非所有的用户评价都是真实的。

法国巴黎银行旗下证券部门（Exane BNP Paribas）的一项研究就是使用补充性信息来源进行分析的。对于那些认为吸引和留住高素质员工是成功关键的行业内企业而言，该研究评估了其员工的满意度情况（受访对象多来自信息技术服务、软件、支持服务和医疗技术开发等部门）。

[①] Glassdoor 是一个将招聘广告与员工提供的企业评价、薪资信息以及其他信息相结合的招聘网站。

第 12 章
可持续投资正在产生更高的回报

> **SUSTAINABLE INVESTING**
> **可持续洞察**

卡罗尔·克罗扎特 | 法国巴黎银行旗下证券部门社会责任投资前主管
（Carole Crozat）

我们想要回答的第一个问题是，执行评估的最佳指标是什么。在查阅了学术文献、与研究股票的行业分析师进行了讨论，以及检查了企业报告中的可用数据之后，我们为每个行业确定了一套特定的标准。

我们把 Glassdoor 作为衡量员工吸引力和满意度的一个指标，并探索其能量（求职者在求职和决策中越来越多地用到了它）。

此外，我们还使用领英来了解关于某位人力资源总监的更多经验和概况，这从定性的角度来看是有帮助的。与评级机构进行的典型的可持续性分析相比，我们的分析结果往往更具动态性和时效性，并且能更好地捕捉发展势头和转机，例如，查看新人力资源总监的到来与 Glassdoor 分数的变化有何关联。

迄今为止，对于许多研究机构而言，补充性信息来源的使用相对来说费时费力，并且通常只涉及有限数量的企业。例如，通过开发信息技术系统，自动化数据收集的机会可能就在眼前。

一些投资机构已经开始利用人工智能、大数据和机器学习提供的机会。其目的是简化数据收集过程，使大量数据的使用成为可能。在分析可持续投资方面，已经有一些使用先进信息技术的范例。

SUSTAINABLE INVESTING
可持续洞察

特希·哈尔默
（Terhi Halme）

APG 资产管理公司资深可持续发展专家（投资资产 5 380 亿欧元）

为了识别可持续发展投资机会，我们希望在人工智能的帮助下对整个可投资领域进行筛选。人工智能可以帮助我们应对两个挑战：筛选大量企业、识别出支持可持续发展的产品和服务的企业。自 2016 年以来，APG 的投资团队中就有了数据科学家。2018 年，我们收购了数据分析公司 Entis，以加速我们对人工智能和大数据的使用，实现可持续投资。然而，这是一个以人为中心的过程，需要专家之间进行大量合作并不时组织一些研讨会——在帮助人工智能理解筛选规则的过程中，人类发挥了至关重要的作用。当然，技术也存在自身的问题，比如数据质量不佳。因此，使用准确的数据库至关重要。清晰透明的追踪审查也非常重要，它能帮我们在组织内更广泛地使用人工智能。我们正在不断开发人工智能的应用。在可持续发展投资资产所有者平台（SDI AOP）下，我们目前正在开发前瞻性解决方案，以确定未来有可能为联合国可持续发展目标做出贡献的企业。除了实现可持续发展目标以外，我们还致力于评估我们的可持续发展投资的现实成果。

可持续投资已成为一项基本要求

可持续投资正在迅速成为主流，近年来，该领域吸纳了众多专家。例如，2018 年，在英国《金融时报》的一次采访中，专注于可持续发展的招聘企业阿瑞斯商业地产（Acre）报告称，几年前，该企业每月会收到两三次可持续投资专家的咨询，但现在，此类咨询的数量已经增加了 12 倍。如今，商学院已将可持续发展纳入大学的学位课程。然而，目前面临的问题是，许多大学毕

第 12 章
可持续投资正在产生更高的回报

业生都对融资和可持续发展缺乏全面的了解。企业经理和投资专业人士也迫切需要掌握更多相关专业知识，以更好地了解快速发展的可持续发展商业领域。于是，可持续投资已被纳入高管课程。著名的英国特许金融分析师协会（CFA UK）和欧洲金融分析师协会（EFFAS）也为投资专业人士提供了自己的可持续发展相关证书。设置这些课程的目的是帮助新的和资深的专业人士更新他们的知识和技能，学会如何将环境、社会和公司治理融入他们的日常工作。

SUSTAINABLE INVESTING
可持续洞察

克里斯蒂娜·柯廷（Christina Curtin） | 英国特许金融分析师协会教育主管

我们的目的是确保投资专业人士在技术和道德上有能力为他们的客户提供良好的服务。客户明白，可持续性要素在财务上是重要的，他们期望自己的资产管理公司能将可持续性因素整合到分析、估值和投资决策中，履行好信托责任。这一资格认证为投资专业人士提供了将可持续性因素融入投资决策过程、构建和完善可持续发展战略以及向客户展示其能力的工具。学到的技能将同样适用于所有资产类别。

可持续发展投资证书是专为从事投资工作的从业者设计的，但也适用于任何希望提高他们对销售、财富管理、产品开发、财务建议、风险管理等领域的可持续发展等问题理解的人士。目前，该证书的考试可以在世界任何地方参加。

如今，可持续投资的主题范围已经扩大，这就要求投资者需要具备比以前更多的专业知识。该主题范围除了包含环境影响、健康、安全、人权等方面之外，近年来还出现了新的内容，如信息安全和税收计划。人们获得了更多可用的可持续发展数据，同时也具备了更多的专业知识可以用来解释和分析这些数据。其实，可持续投资团队不需要具备与可持续性因素相关的所有知识，因为他们可以从商业服务机构和分析师等外部资源处获得支持。

本书提供了帮助投资者在投资分析中从可持续性数据获益的方法。我们也希望本书能鼓励投资者带着好奇心和批判精神接触新的可持续性分析工具。每一位分析师和投资者都需要通过对数据的研究和分析，以及与企业管理层的讨论，来确定自己想要实现的基本目标和想要解答的问题。

总之，投资者已经不再需要讨论可持续投资是否能获得回报。他们现在正在讨论的是，哪种形式的可持续投资能产生最高的回报，甚至跑赢市场。

未来，属于终身学习者

我们正在亲历前所未有的变革——互联网改变了信息传递的方式，指数级技术快速发展并颠覆商业世界，人工智能正在侵占越来越多的人类领地。

面对这些变化，我们需要问自己：未来需要什么样的人才？

答案是，成为终身学习者。终身学习意味着永不停歇地追求全面的知识结构、强大的逻辑思考能力和敏锐的感知力。这是一种能够在不断变化中随时重建、更新认知体系的能力。阅读，无疑是帮助我们提高这种能力的最佳途径。

在充满不确定性的时代，答案并不总是简单地出现在书本之中。"读万卷书"不仅要亲自阅读、广泛阅读，也需要我们深入探索好书的内部世界，让知识不再局限于书本之中。

湛庐阅读 App: 与最聪明的人共同进化

我们现在推出全新的湛庐阅读 App，它将成为您在书本之外，践行终身学习的场所。

- 不用考虑"读什么"。这里汇集了湛庐所有纸质书、电子书、有声书和各种阅读服务。
- 可以学习"怎么读"。我们提供包括课程、精读班和讲书在内的全方位阅读解决方案。
- 谁来领读？您能最先了解到作者、译者、专家等大咖的前沿洞见，他们是高质量思想的源泉。
- 与谁共读？您将加入优秀的读者和终身学习者的行列，他们对阅读和学习具有持久的热情和源源不断的动力。

在湛庐阅读 App 首页，编辑为您精选了经典书目和优质音视频内容，每天早、中、晚更新，满足您不间断的阅读需求。

【特别专题】【主题书单】【人物特写】等原创专栏，提供专业、深度的解读和选书参考，回应社会议题，是您了解湛庐近千位重要作者思想的独家渠道。

在每本图书的详情页，您将通过深度导读栏目【专家视点】【深度访谈】和【书评】读懂、读透一本好书。

通过这个不设限的学习平台，您在任何时间、任何地点都能获得有价值的思想，并通过阅读实现终身学习。我们邀您共建一个与最聪明的人共同进化的社区，使其成为先进思想交汇的聚集地，这正是我们的使命和价值所在。

CHEERS

湛庐阅读 App
使用指南

读什么
- 纸质书
- 电子书
- 有声书

怎么读
- 课程
- 精读班
- 讲书
- 测一测
- 参考文献
- 图片资料

与谁共读
- 主题书单
- 特别专题
- 人物特写
- 日更专栏
- 编辑推荐

谁来领读
- 专家视点
- 深度访谈
- 书评
- 精彩视频

HERE COMES EVERYBODY

下载湛庐阅读 App
一站获取阅读服务

Copyright © Tiina Landau and Hanna Silvola, 2021

English edition published by Palgrave Macmillan, 2021. Revised version translated by Timo Luhtanen. Layout partly adopted from NotePad Ay.

First published in 2019 in Finland as Vastuullisuudesta ylituottoa sijoituksiin by Alma Talent.

Simplified Chinese edition published by agreement with Tiina Landau, Hanna Silvola and Elina Ahlback Literary Agency, Helsinki, Finland, through The Grayhawk Agency.

All rights reserved.

本书中文简体字版经授权在中华人民共和国境内独家出版发行。未经出版者书面许可，不得以任何方式抄袭、复制或节录本书中的任何部分。

版权所有，侵权必究。

图书在版编目（CIP）数据

北欧可持续投资之道 /（芬）蒂娜·兰道 (Tiina Landau)，
（芬）汉娜·斯利瓦 (Hanna Silvola) 著；张昶译 . -- 杭州：浙
江教育出版社, 2024.10.
ISBN 978-7-5722-8725-1

Ⅰ . F835.348

中国国家版本馆 CIP 数据核字第 2024HG4484 号

浙江省版权局
著作权合同登记号
图字：11-2024-278号

上架指导：金融投资 / 商业管理

版权所有，侵权必究
本书法律顾问　北京市盈科律师事务所　崔爽律师

北欧可持续投资之道
BEIOU KECHIXU TOUZI ZHIDAO

［芬］蒂娜·兰道（Tiina Landau）　汉娜·斯利瓦（Hanna Silvola）　著
张　昶　译

责任编辑：刘姗姗
美术编辑：钟吉菲
责任校对：胡凯莉
责任印务：陈　沁
封面设计：湛庐文化

出版发行	浙江教育出版社（杭州市环城北路 177 号）
印　　刷	石家庄继文印刷有限公司
开　　本	720mm ×965mm 1/16
印　　张	17.25	字　数：259 千字
版　　次	2024 年 10 月第 1 版	印　次：2024 年 10 月第 1 次印刷
书　　号	ISBN 978-7-5722-8725-1	定　价：109.90 元

如发现印装质量问题，影响阅读，请致电 010-56676359 联系调换。